人民交通出版社

公路水运工程试验检测人员考试类图书资讯

（2017 年 8 月）

2017 年度公路水运工程试验检测专业技术人员职业资格考试定于 11 月 18 日、19 日举行。考试分为助理试验检测师和试验检测师两个级别，均设有“公共基础”科目和 5 个专业科目（道路工程、桥梁隧道工程、交通工程、水运材料、水运结构与地基）。考试通过后，由人力资源社会保障部和交通运输部联合颁发国家级职业资格证书。

为方便广大考生购买复习资料，现将考试考试用书及相关辅导书整理汇总如下。

一、官方考试教材

2017 年度考试仍沿用 2016 年版教材，具体信息如下。

序号	书　名	书 号	定 价
1	公路水运工程试验检测专业技术人员职业资格考试大纲(2016 年版)	12756	30.00
2	公路水运工程试验检测专业技术人员职业资格考试用书　**公共基础**(2016 年版)	12968	56.00
3	公路水运工程试验检测专业技术人员职业资格考试用书　**道路工程**(2016 年版)	12969	70.00
4	公路水运工程试验检测专业技术人员职业资格考试用书　**桥梁隧道工程**(2016 年版)	12970	92.00
5	公路水运工程试验检测专业技术人员职业资格考试用书　**交通工程**(2016 年版)	12971	106.00

二、考试辅导用书

（一）考前冲刺模拟试题

包括助理试验检测师、试验检测师两个级别，依据考试大纲及考试用书要求编写，由模拟试题、参考答案及解析组成，可供广大考生考前模拟自测使用。

序号	书　名	书 号	定 价
1	公路水运工程**助理试验检测师**考前冲刺模拟试题(公共基础 + 道路工程)	14076	40.00
2	公路水运工程**助理试验检测师**考前冲刺模拟试题(公共基础 + 桥梁隧道工程)	14082	35.00
3	公路水运工程**助理试验检测师**考前冲刺模拟试题(公共基础 + 交通工程)	14083	35.00
4	公路水运工程**试验检测师**考前冲刺模拟试题(公共基础 + 道路工程)	14084	42.00
5	公路水运工程**试验检测师**考前冲刺模拟试题(公共基础 + 桥梁隧道工程)	14085	36.00
6	公路水运工程**试验检测师**考前冲刺模拟试题(公共基础 + 交通工程)	14086	36.00

（二）习题精练系列

该系列由重庆交通大学、长安大学、湖南大学等老师编写，书中有大量的练习题并附有详细解析。

序　号	书　　名	书　号	定　价
1	公路水运工程试验检测人员考试习题精练与解析　公共基础	12975	28.00
2	公路水运工程试验检测人员考试习题精练与解析　道路工程	12976	52.00
3	公路水运工程试验检测人员考试习题精练与解析　桥梁隧道工程	12977	56.00
4	公路水运工程试验检测人员考试习题精练与解析　交通工程	12978	49.00

（三）应试题解系列

该系列2007年就出版了第一版，由山东交通学院老师编写，中间修订过几次。本次依据考试大纲要求对上一版做了全面修订，精简了习题并附上详细解析，提升了质量。

序　号	书　　名	书　号	定　价
1	公路水运工程试验检测人员应试题解　公共基础	12972	28.00
2	公路水运工程试验检测人员应试题解　道路工程	12973	58.00
3	公路水运工程试验检测人员应试题解　桥梁隧道工程	12974	55.00

各位考生可通过当地交通书店购买，也可通过各大网上书店购买。

★咨询电话：（发行部）010-59757907，（编辑部）010-85285381。

★试验检测考试交流QQ群434392812，欢迎加入。

2017 职业资格考试辅导丛书

Gonglu Shuiyun Gongcheng Zhuli Shiyan Jianceshi Kaoqian Chongci Moni Shiti

公路水运工程助理试验检测师考前冲刺模拟试题

Gonggong Jichu + Jiaotong Gongcheng

（公共基础 + 交通工程）

本书编委会　编

人民交通出版社股份有限公司
China Communications Press Co.,Ltd.

内 容 提 要

本书依据2016年版《公路水运工程试验检测专业技术人员职业资格考试大纲》及考试用书相关要求编写，主要包括3套"公共基础"科目和3套"交通工程"科目模拟试题，并附有参考答案及解析。

本书可供报考公路水运工程助理试验检测师"交通工程"专业科目的广大考生参考使用。

图书在版编目(CIP)数据

公路水运工程助理试验检测师考前冲刺模拟试题. 公共基础＋交通工程／《公路水运工程助理试验检测师考前冲刺模拟试题(公共基础＋交通工程)》编委会编. — 北京：人民交通出版社股份有限公司，2017.8

ISBN 978-7-114-14083-9

Ⅰ. ①公… Ⅱ. ①公… Ⅲ. ①交通工程—试验—资格考试—习题集②交通工程—检测—资格考试—习题集 Ⅳ. ①U41-44②U61-44

中国版本图书馆CIP数据核字(2017)第194293号

书　　名：公路水运工程助理试验检测师考前冲刺模拟试题(公共基础＋交通工程)
著 作 者：本书编委会
责任编辑：张　鑫
出版发行：人民交通出版社股份有限公司
地　　址：(100011)北京市朝阳区安定门外外馆斜街3号
网　　址：http://www.ccpress.com.cn
销售电话：(010)59757973
总 经 销：人民交通出版社股份有限公司发行部
经　　销：各地新华书店
印　　刷：北京鑫正大印刷有限公司
开　　本：787×1092　1/16
印　　张：7.5
字　　数：148千
版　　次：2017年8月　第1版
印　　次：2017年8月　第1次印刷
书　　号：ISBN 978-7-114-14083-9
定　　价：35.00元

前　　言

随着我国交通建设事业的快速发展，为了加强公路水运建设项目管理，规范施工过程中试验检测行为，提高试验检测队伍的整体素质和专业技术水平，确保公路水运工程试验检测工作质量，原交通部自 1998 年以来陆续颁布了《公路水运工程试验检测人员资质管理暂行办法》《公路水运工程试验检测管理办法》和《公路水运工程试验检测人员考试办法》等系列规章制度，启动了公路水运工程试验检测人员从业资格管理。2007 年，原交通部基本建设质量监督总站以省为单位组织了公路水运工程试验检测人员业务考试；2009 年以来，交通运输部工程质量监督局会同交通运输部职业资格中心，在全国范围内先后组织了六次公路水运工程试验检测人员统一考试。

2015 年 6 月 23 日，人力资源社会保障部、交通运输部联合印发了《关于印发〈公路水运工程试验检测专业技术人员职业资格制度规定〉和〈公路水运工程试验检测专业技术人员职业资格考试实施办法〉的通知》（人社部发〔2015〕59 号），标志着公路水运工程试验检测专业技术人员水平评价类国家职业资格制度正式设立。

2017 年度公路水运工程试验检测专业技术人员职业资格考试定于 11 月 18 日、19 日举行。为了满足广大考生在考前冲刺阶段复习需要，本书依据考试大纲及考试用书相关要求而编写，包括助理试验检测师、试验检测师两个级别。各级别均按照考试科目设置情况为三个分册，即《公共基础 + 道路工程》《公共基础 + 桥梁隧道工程》《公共基础 + 交通工程》。

本书为《公共基础 + 交通工程》分册，主要包括 3 套“公共基础”科目和 3 套“交通工程”科目模拟试题，并附有参考答案及解析，可供报考公路水运工程助理试验检测师“交通工程”专业科目的广大考生考前模拟自测使用。

本书编写人员分工如下：重庆交通大学张祖棠负责“公共基础”科目；湖南大学吴建新负责“交通工程”科目。

书中难免有疏漏和不当之处，请各位考生提出宝贵意见和建议，以便修订时参考。

本书编委会

2017 年 7 月

目　　录

第一部分　公 共 基 础

模拟试题一

说明:1. 本模拟试题设置单选题 40 道、判断题 30 道、多选题 25 道,总计 120 分;模拟自测时间为 120 分钟。

2. 本模拟试题仅供考生进行考前自测使用。

一、单项选择题(下列各题中,只有一个备选项最符合题意,请填写最符合题意的一个备选项,选错或不选不得分。每题 1 分。)

1. 资质认定办理时限的规定要求,受理决定必须在(　　)个工作日内作出,并且在(　　)个工作日内完成技术评审。

A. 5; 30　　B. 5; 20　　C. 5; 45　　D. 7; 45

2. 在合同签订之前,由检验检测机构的(　　)进行合同评审。

A. 检测室主任　　B. 样品管理员

C. 程序文件规定的业务人员　　D. 技术负责人

3. 有下列(　　)情形的,属于轻微违法,由县级以上质量技术监督部门责令其 1 个月内改正;逾期未改正或者改正后仍不符合要求的,处 1 万元以下罚款,处罚期间仍可对外出报告。

A. 未按照资质认定部门要求参加能力验证或者比对的

B. 出具的检验检测数据、结果失实的

C. 超出资质认定证书规定的检验检测能力范围,擅自向社会出具具有证明作用数据、结果的

D. 非授权签字人签发检验检测报告的

4. 当检验检测机构出现资质认定检验检测项目取消情形时,应该采取的方法是(　　)。

A. 向资质认定部门申请办理变更手续

B. 自行从机构参数表内取消,并以某种形式公示

C. 自行从机构参数表内取消,并报相关部门备案

D. 自行从机构参数表内取消

5. 为保证检验检测结果的(　　),检验检测机构应当确保其相关测量和校准结果,能够溯源至国家标准。

A. 可靠性　　B. 正确性　　C. 精确性　　D. 准确性

6. 检验检测机构应当建立并保持出现不符合工作的(　　)。

A. 纠正措施　　B. 偏离程序　　C. 处理程序　　D. 预防措施

7. 检测机构在具备相应的业绩条件下,年限满(　　)年后,方可申报上一等级的评定。

A. 2　　B. 3　　C. 1　　D. 5

8. 根据《计量法》的规定,法定计量单位是由(　　)承认,具有法定地位的计量单位。

A. 县级以上标准化行政主管部门　　B. 国家法律法规

C. 政府机关　　D. 计量行政主管部门

9. 检验检测机构的质量方针应该由(　　)批准正式发布。

A. 质量负责人　　B. 质量主管　　C. 技术管理者　　D. 最高管理者

10. 计量认证的专业类别代码中,代表交通的是(　　)。

A. R　　B. N　　C. P　　D. Y

11. 检验检测机构的资质认定是法律法规规定的(　　)行为。

A. 管理　　B. 强制性　　C. 自愿　　D. 第三方

12. 实验室质量管理体系文件自发布后,至少运行(　　)个月,才能进行计量认证评审。

A. 1　　B. 3　　C. 6　　D. 12

13. 下列说法中正确的是(　　)。

A. 标准偏差大,变异系数亦大

B. 变异系数大,样本数据的波动性就大

C. 标准偏差反映样本数据的相对波动状况

D. 变异系数大,标准偏差亦大

14. (　　)为国际单位制单位。

A. 海里　　B. 分贝　　C. 千克　　D. 吨

15. 检验检测机构应具有安全处置、运输、存放、使用和有计划维护(　　)的程序,以确保其功能正常并防止污染或性能退化。

A. 测量系统　　B. 测量数据

C. 测量设备　　D. 校准设备

16. (　　)是我国法定计量单位。

A. 升　　B. 毫升　　C. 尺　　D. 克

17. 要实施盲样管理,样品标识中不得出现的信息是(　　)。

A. 样品名称　　B. 样品编号

C. 委托方的信息　　D. 规格及型号

18. 公路水运工程试验检测机构的乙级等级评定工作是由(　　)负责。

A. 省(市)级质量监督局　　B. 国务院主管部门

C. 交通运输部质监总站　　D. 省(市)交通质监机构

19. 依据《公路试验检测数据报告编写导则》的要求,报告落款区的信息有(　　)。

A. 编制人　　B. 审核人

C. 试验日期　　D. 监理见证人

20. 关于等级证书复核换证的基本条件,下列表述正确的是(　　)。

A. 设备环境满足等级标准要求

B. 信用等级不得有 C 级

C. 证书有效期内开展的参数不小于 75%

D. 甲级及专项类检测机构应有高速公路和大型水运工程现场检测项目或工地试验室业绩

21. 检验检测机构的监督人员应对(　　)进行监督。

A. 检测的整个过程　　B. 检测的某一工序

C. 检测的关键环节　　D. 随机抽取的一个环节

22. 国家法定计量单位的名称由(　　)公布。

A. 全国人大常委会　　B. 国务院计量行政部门

C. 中国计量测试学会　　D. 国务院

23. 对同样的极限数值,如果它本身符合要求,则(　　)。

A. 修约值比较法比全数值比较法相对较严格

B. 全数值比较法比修约值比较法相对较严格

C. 两者是一样的

D. 两者没有关系

24. 检验检测机构管理体系的内容是以满足(　　)的需要为准。

A. 体系要求　　B. 质量目标

C. 顾客要求　　D. 公司要求

25. 仪器设备的状态标识中,表明仪器设备存在部分缺陷,但在限定范围内可以使用的应为(　　)标志。

A. 绿色　　B. 黄色　　C. 红色　　D. 白色

26. 向社会出具具有证明作用报告的检验检测机构,其建立的质量体系应符合(　　)的要求。

A.《公路水运工程试验检测管理办法》

B.《检验检测机构资质认定管理办法》

C.《检测和校准实验室能力的通用要求》

D. ISO 9001 质量体系

27. 为确保实验室文件现行有效,应该采取以下(　　)措施。

A. 指定专人保管文件

B. 实验室的所有文件都加盖受控章

C. 文件必须存放在指定的地方

D. 建立文件控制程序

28. 计量溯源是指检验检测机构确保检测结果能够溯源至(　　)的要求。

A. 国家基标准　　B. 法定计量单位

C. 国家标准　　D. 地方计量标准

29. 机构负责人、技术负责人等发生变更的,应当自变更之日起(　　)日内到原发证质监机构办理变更登记手续。

A. 15　　B. 7　　C. 10　　D. 30

30. 母体试验检测机构要对工地试验室进行授权。下列选项中,不属于授权内容的是(　　)。

A. 母体试验室的设备使用权

B. 授权工地试验室的公章

C. 授权期限

D. 授权负责人

31. 由下列一组实测值得出"报出值","修约值"多保留 1 位,并将其修约到个位数,表达正确的是(　　)。

序号	实测值	报出值	修约值
①	15.4726	15.5^{-}	16
②	25.5462	25.5^{+}	26
③	-18.5201	-18.5^{+}	-18
④	-14.5000	-14.5	14

A. ①②③④　　B. ①③④　　C. ②③　　D. ②

32. 一般来讲,从所包括的内容相比较,检定比校准包括的内容(　　)。

A. 更少　　B. 更多

C. 一样多　　D. 选项 ABC 均不正确

33. 换证复核合格的,予以换发新的《等级证书》,证书有效期为(　　);不合格的,质监机构应当责令其在(　　)内进行整改,整改期内不得承担质量评定和工程验收的试验检测业务。

A. 3 年；6 个月　　B. 3 年；3 个月

C. 5 年；6 个月　　D. 5 年；3 个月

34. 校准是在规定的条件下，为确定仪器或测量系统所指示的量值，与对应标准复现的量值之间的关系操作，即被校的计量器具与高一级的计量标准相比较，以确定被校计量器具的示值(　　)的全部工作。

A. 合格与否　　B. 精密度

C. 一致性　　D. 误差

35. 检验检测机构在资质认定证书确定的能力范围内，对社会出具具有证明作用数据、结果时，应当标注资质认定标志。资质认定标志加盖在(　　)位置。

A. 主页上部　　B. 封面左上角

C. 封面上部适当位置　　D. 封面检验检测机构名称上

36. 检验是按照规定的程序，为了确定给定的产品、材料、设备、生物体、物理现象、工艺过程或服务的一种或多种(　　)的技术操作。

A. 特性或性能　　B. 重复性和复现性

C. 试验数据　　D. 性能和评定

37. 实验室技术记录应包括负责抽样的人员、从事各项检测和校准的人员和结果校核人员的(　　)。

A. 印章　　B. 签字　　C. 标志　　D. 签名

38. 实验室内部审核的周期通常为(　　)。

A. 2 年　　B. 1 年　　C. 6 个月　　D. 3 个月

39. 管理评审是实验室的执行管理层根据预定的日程和程序，定期对实验室的质量体系检测和校准活动进行评审，典型的周期为(　　)。

A. 1 个月　　B. 12 个月　　C. 24 个月　　D. 不定期

40. 选择合格仪器设备的检定/校准服务单位，一般应评价(　　)。

A. 检定/校准服务实验室的规模

B. 检定/校准服务机构的检定资质

C. 检定/校准服务实验室的性质

D. 检定/校准服务机构的部门属性

二、判断题（请对下列题述观点正确与否进行判断，判断准确得分，否则不得分。每题 1 分。）

1. 外资、分支机构申请资质认定按照规定必须具备 3 年及 3 年以上在所在国或者地区从事相关检测活动的业务经历。

(　　)正确　　　　　　　　　　　　(　　)不正确

2. 生产企业内部的检验检测机构也可以申请资质认定。

(　　)正确　　　　　　　　　　　　(　　)不正确

3. 检测机构的检验检测报告和记录归档应该留存6年,以保证其具有可追溯性。

(　　)正确　　　　　　　　　　　　(　　)不正确

4. 对委托检测检测报告不能有"仅对来样负责"表述。

(　　)正确　　　　　　　　　　　　(　　)不正确

5. 依据计量检定规程对测量仪器的合格性进行评定,各检定点的示值误差不超过该被检仪器的最大允许误差时,就可以认为其符合准确度级别的要求。

(　　)正确　　　　　　　　　　　　(　　)不正确

6. 母体试验检测机构取得资质认定证书,其设立的工地试验室在出具批准的认证参数的试验报告时,也可加盖CMA标识用章。

(　　)正确　　　　　　　　　　　　(　　)不正确

7. 检定的设备无需对其检定结果进行确认。

(　　)正确　　　　　　　　　　　　(　　)不正确

8. 计量确认是确保测量设备处于满足预期使用要求的状态所需要的一组操作。

(　　)正确　　　　　　　　　　　　(　　)不正确

9. 检验检测设备应由经过授权的人员操作,还应保存对检验检测具有重要影响的设备的记录,软件不属于设备范畴。

(　　)正确　　　　　　　　　　　　(　　)不正确

10. 当测试方法发生偏离时,出具的试验报告应对偏离情况作出说明,对被检测样品不再作出合格与否结论。

(　　)正确　　　　　　　　　　　　(　　)不正确

11.《公路试验检测数据报告编写导则》规定了记录和报告的唯一标识编码规则。

(　　)正确　　　　　　　　　　　　(　　)不正确

12. 工地试验室应在其母体检测机构授权的项目及参数范围内开展检测活动,如果属规范变化而新增参数的,可以根据需要开展检测活动。

(　　)正确　　　　　　　　　　　　(　　)不正确

13. 纠正措施就是对实验室发现的不符合工作立即采取纠正。

(　　)正确　　　　　　　　　　　　(　　)不正确

14. 修正值等于负的随机误差估计值。

(　　)正确　　　　　　　　　　　　(　　)不正确

15. 报告的扉页未记录有试验检测的数据和结论,因此不记入报告的总页数。

(　　)正确　　　　　　　　　　　　(　　)不正确

16. 自校准是试验检测机构使用自有人员、设备及环境等条件，为保证仪器设备量值准确可靠而开展的校准活动。

(　　)正确　　　　　　　　　　　　(　　)不正确

17. 使用频率低的设备需要进行期间核查。

(　　)正确　　　　　　　　　　　　(　　)不正确

18. 授权机构相同，同期在同一项目不同的路基工地试验室任试验员，属于同时受聘于两家以上的工地试验室。

(　　)正确　　　　　　　　　　　　(　　)不正确

19. 检测机构参加交通运输部组织的比对试验中，连续 2 次出现“不满意”结果，将被降低机构等级。

(　　)正确　　　　　　　　　　　　(　　)不正确

20. 测力环经校准，测得力值与百分表读数结果如下：

力值(kN)(X)	0	10	20	30	40	50
百分表读数(mm)(Y)	1.000	1.784	2.572	3.380	4.183	4.990

校准结果确认为 $Y = 0.0799X + 0.988, R^2 = 1$。

(　　)正确　　　　　　　　　　　　(　　)不正确

21. 两个独立事件 M、N 发生的概率分别为 $P(M)$、$P(N)$，则 $P(M+N) = P(M) + P(N)$。

(　　)正确　　　　　　　　　　　　(　　)不正确

22. 检验检测专用章应表明检验检测机构完整的、准确的名称。

(　　)正确　　　　　　　　　　　　(　　)不正确

23. 周期检定是按时间间隔和规定程序，对仪器设备定期进行的一种后续检定。

(　　)正确　　　　　　　　　　　　(　　)不正确

24. 公路水运工程试验检测是对公路水运工程所用材料、构件、工程制品、工程实体的质量进行试验检测活动。

(　　)正确　　　　　　　　　　　　(　　)不正确

25. 记录表是用来记录试验的数据和相关信息，具有唯一性。

(　　)正确　　　　　　　　　　　　(　　)不正确

26. 对带有合格证的出厂设备进行检定校准是设备销售的需要，对保证试验检测数据准确可靠并无作用。

(　　)正确　　　　　　　　　　　　(　　)不正确

27. 扩展不确定度是合成不确定度与一个大于 1 的数字因子的乘积。

(　　)正确　　　　(　　)不正确

28. 实验室间的比对结果评价标准应由实验室根据自身的实验水平预先确定。

(　　)正确　　　　(　　)不正确

29. 公路水运工程安全生产监督管理的方针是坚持“安全第一、预防为主、综合治理”。

(　　)正确　　　　(　　)不正确

30. 只有客户以书面形式表达的对检验检测机构的检验检测服务或者数据、结果的质量或服务上的不满意或者抱怨才能叫投诉。

(　　)正确　　　　(　　)不正确

三、多项选择题(在下列各题的备选答案中,有两个或两个以上的备选项符合题意,请填写符合题意的备选项,选项部分正确按比例得分,出现错误选项该题不得分,完全正确的得满分。每题 2 分。)

1. 依据实验室评审准则,监督应重点考虑(　　)的情况。

A. 新上岗人员　　　　B. 设备经过维修后的项目或参数

C. 新开展的项目　　　　D. 标准、规范发生变化后的项目或参数

2. 抽样检验是指抽取的样品应当具有(　　)。

A. 经济性　　　　B. 代表性

C. 特定性　　　　D. 随机性

3. 工地试验室标准化建设的核心是(　　)。

A. 质量管理精细化　　　　B. 检测工作科学化

C. 硬件建设标准化　　　　D. 数据报告公正化

4. 在表征硅含量(%)(极限数值为≤0.05)其测定值或者计算值按照修约值比较法修约后符合要求的值是(　　)。

A. 0.054　　B. 0.060　　C. 0.055　　D. 0.046

5. 申请换证复核的试验检测机构应符合(　　)等基本条件。

A. 上年度信用等级为 B 级以上

B. 等级证书有效期内信用等级为 C 级的次数不超过一次

C. 等级证书有效期内开始的试验检测参数应覆盖批准的所有试验检测项目且不少于批准参数的 70%

D. 试验检测人员、设备、环境满足初次申请时等级标准要求

6.《计量法》中规定的“使用不合格的计量器具”是指(　　)。

A. 使用的设备未经检定　　　　B. 超过检定合格有效期的设备

C. 经检定不合格的计量器具　　　　D. 未贴检定标识的设备

7. 国家对用于(　　)的列入强制检定目录的工作计量器具,实行强制检定制度。

A. 环境监测　　B. 安全防护　　C. 医疗卫生　　D. 贸易结算

8. 下列关于因果图的表述,错误的是(　　)。

A. 一种逐步深入研究和讨论质量问题的图示方法

B. 优于直方图

C. 又称特性要素图

D. 因果图可称为巴氏图

9. 国家法定计量检定机构的计量检定人员,必须具备(　　)条件。

A. 经县级以上人民政府计量行政部门考核合格

B. 经县级以上人民政府计量行政部门任命

C. 取得资格证书

D. 经县级以上人民政府计量行政部门批准

10. 实验室能力验证的类型包括(　　)。

A. 测量对比　　B. 分割样品检测对比

C. 设备对比　　D. 人员对比

11. 下列选项中,(　　)属于组合单位。

A. 立方米　　B. 秒　　C. 千克　　D. 每米

12. 下列选项中,(　　)属于试验室超业务范围进行检测活动。

A. 母体检测机构开展等级证书未批准的参数,报告加盖试验检测专用章

B. 母体检测机构开展的参数通过计量认证,报告加盖 CMA 印章

C. 工地试验室被授权的参数未在等级证书范围,但在计量认证参数范围

D. 工地试验室被授权的参数不在等级证书范围,但属于规范新增参数

13. 检定/校准的对象通常为(　　)。

A. 检测设备　　B. 标准物质　　C. 样品　　D. 测量仪器

14. 下列有关随机测量误差的表述,正确的是(　　)。

A. 随机测量误差的参考量值是对同一被测量由无穷多次重复测量得到的平均值

B. 随机测量误差的参考量值是对不同被测量由无穷多次重复测量得到的平均值

C. 随机测量误差等于测量误差减系统测量误差

D. 随机测量误差等于测量误差减系统测量误差的估计值

15. 下列选项中,(　　)可作为复核换证试验检测机构业绩的报告。

A. 母体机构出具的试验报告

B. 参加能力验证的项目或报告

C. 母体机构授权工地试验室出具的报告

D. 模拟试验出具的报告

16. 下列选项中,(　　)可以通过验证方式进行溯源。

A. 未经定型的专用检测仪器设备

B. 借用的永久控制范围以外的仪器设备

C. 暂不能溯源到国家基准的设备

D. 作为工具使用不传输数据的仪器设备

17. 下列对重复抽样的表述,正确的是(　　)。

A. 重复抽样属于随机抽样

B. 重复抽样能确保全部样本被抽中的概率相等

C. 重复抽样是每次从总体中随机抽取的一个样本观察后不再放回总体的一种抽样方式

D. 重复抽样是每次从总体中随机抽取的一个样本观察后重新放回总体的一种抽样方式

18. 能力验证计划的基本步骤包括(　　)。

A. 指定值的确定

B. 能力统计量的计算

C. 能力评定

D. 能力验证物品均匀性和稳定性的评定

19. 试验检测机构、工地试验室及现场检测项目信用评价的依据包括(　　)。

A. 各级质监机构开展的监督检查中发现的违规行为

B. 上一年度信用评价时发现的严重违规行为

C. 交通运输主管部门通报批评中的违规行为

D. 投诉举报查实的违规行为

20. 资质认定活动的管理主体是(　　)。

A. 国家认监委　　　　B. 县级以上质监部门

C. 直属检验检疫局　　　　D. 省(市)质监部门

21. 凡是获取资质认定证书机构的从业人员在进行检验检测活动中,必须(　　)。

A. 客观公正　　　　B. 科学严谨

C. 公平公正　　　　D. 诚实信用

22. 延续证书有效期,资质认定部门可以采取书面审查和现场评审两者方式,作出是否准予延续的决定。如采用书面审查的方式延续证书,检验检测机构就需要(　　)。

A. 提交相关具备资质能力的证明材料

B. 以公开方式,作出诚信承诺

C. 公布其遵守法律法规、独立公正从业、履行社会责任等情况的自我声明

D. 对自我声明的真实性负责

23. 授权签字人签发试验检测报告需确认的必要信息包括(　　)。

A. 委托单的信息　　B. 原始记录与报告信息的一致

C. 试验检测人员持证是否满足要求　　D. 仪器设备是否合格

24. 自校准的设备应满足下列哪些条件(　　)。

A. 使用频率较高的设备

B. 设备自带校准程序

C. 设备厂家提供了无溯源证书的标准样品

D. 未经定型的专用检测仪器设备

25. 下列关于测量准确度的表述,正确的是(　　)。

A. 是测得值与其真值的一致程度

B. 是无穷多次重复测量所得量值的平均值与一个参考量值间的一致程度

C. 在规定条件下,对同一或类似被测对象重复测量所得示值或测得值间的一致程度

D. 测量准确度不是一个量,不能给出有数字的量值

模拟试题二

说明:1. 本模拟试题设置单选题40道、判断题30道、多选题25道,总计120分;模拟自测时间为120分钟。

2. 本模拟试题仅供考生进行考前自测使用。

一、单项选择题(下列各题中,只有一个备选项最符合题意,请填写最符合题意的一个备选项,选错或不选不得分。每题1分。)

1. 公路水运工程试验检测人员的继续教育周期为(　　)年;每个周期内接受继续教育的时间累计不应少于(　　)学时。

A. 1; 24　　B. 2; 24　　C. 1; 12　　D. 2; 12

2. 合同评审活动可被理解为确保检验检测活动达到规定目标的(　　)所进行的活动。

A. 适宜性和合法性　　B. 充分性和合理性

C. 充分性和有效性　　D. 有效性和合法性

3. 检验检测机构应当建立处理投诉和申诉的(　　)。

A. 规定　　B. 程序

C. 措施　　D. 作业指导书

4. 检验检测机构在对检验检测结果、抽样结果的准确性或有效性有显著影响的设备投入使用前,进行设备校准的程序。这里的校准是指(　　)。

A. 检查是否具备检定证书

B. 检查仪器设备是否能正常开机、显示数据

C. 检查设备检定精度、偏差值是否满足检测要求

D. 检查设备与检定证书信息的一致性

5.《等级证书》期满后,检测机构应提前(　　)个月向原发证机构提出换证申请。

A. 6　　B. 5　　C. 4　　D. 3

6. 对于签发的涉及结构安全的产品或试验检测项目不合格报告,工地试验室授权负责人应在(　　)个工作日之内报送试验检测委托方。

A. 7　　B. 5　　C. 2　　D. 1

7. 随机误差源于(　　)。

A. 仪器误差　　B. 人为误差

C. 试剂误差　　D. 不能预料的原因

8. 5.29 ×0.9259 = (　　)。

A. 4.89　　B. 4.90　　C. 4.898　　D. 4.8980

9. (　　)是我国法定计量单位。

A. 升　　B. 毫升　　C. 尺　　D. 克

10. 信用评价周期为(　　)年。

A. 5　　B. 3　　C. 1　　D. 2

11.《公路水运工程试验检测人员继续教育办法(试行)》的实施时间是(　　)。

A. 2011 年 10 月 25 日　　B. 2011 年 12 月 1 日

C. 2012 年 1 月 1 日　　D. 2012 年 3 月 1 日

12. 我们使用的计量器具必须是经检定合格的、(　　)、有标识的计量器具。

A. 结构完整的　　B. 有检定证书

C. 检定周期内　　D. 检定周期外

13. 试验检测用的仪器设备应(　　)来表明其检定或校准的状态。

A. 分类编号　　B. 使用彩色标识

C. 采用唯一性标识　　D. 按照用途存放

14.《公路水运工程试验检测机构等级证书》的有效期为(　　)年。

A. 3　　B. 7　　C. 5　　D. 1

15. 制定《计量法》的目的是为了(　　)。

A. 加强质量管理　　B. 保障生产安全

C. 保障量值的准确可靠　　D. 维护生产秩序

16. 依据《公路试验检测数据报告编制导则》的规定,下列不属于试验检测报告基本信息区内容的是(　　)。

A. 报告编号　　B. 工程名称

C. 试验依据　　D. 判定依据

17. 正态分布曲线的特点是(　　)。

A. 双峰性　　B. 无水平渐近线

C. 对称性　　D. 无拐点

18. CMA 是(　　)的英文缩写。

A. 中国计量认证　　B. 国际计量认证

C. 计量合格证　　D. 计量资格证

19. 检验检测机构有责任满足专门人员的持证上岗要求,尤其在某些技术领域,如(　　)就要求从事这些工作的人员持有个人资格证书。

A. 无机结合料检测　　　　B. 水泥检测

C. 路面检测　　　　D. 结构无损检测

20. 按照《公路水运工程试验检测机构等级标准》要求,下列不属于综合乙级对沥青混合料项目设备配置的强制性要求的是(　　)。

A. 电子天平　　　　B. 马歇尔稳定度仪

C. 最大理论密度测定仪　　　　D. 车辙试验机

21. 盲样管理的目的是(　　)。

A. 保证样品在流转过程中样品信息不泄露

B. 保证样品在流转过程中委托方信息不被泄露

C. 保证样品在流转过程中委托单编号不泄露

D. 保证样品在检测过程中样品编号不泄露

22. 制定《公路水运工程试验检测人员继续教育办法(试行)》的依据是(　　)。

A.《建设工程质量管理条例》

B.《公路建设市场管理办法》

C.《公路法》

D.《公路水运工程试验检测管理办法》

23. 下列选项中,(　　)不属于实验室检测/校准报告证书中的印章符号。

A. CNAS　　B. CMA　　C. CAL　　D. CMC

24. 下列选项中,(　　)的符号全部为国际单位的基本单位。

A. mol,cd,N,K　　　　B. m,s,A,℃

C. A,K,m,kg　　　　D. s,N,MPa,m

25. 检验检测机构应将原始观察记录、导出数据,开展跟踪审核的足够信息、校准记录、员工记录,以及发出的每份检测报告或校准证书的副本(　　)。

A. 按规定的时间保存

B. 尽可能长的时间保存

C. 按最短的时间保存

D. 无规定保存时间

26. 试验室用的烘箱在示值为180℃处的实际值为182℃,则烘箱在此处的相对误差为(　　)。

A. 1.1%　　B. −2℃　　C. −1.1%　　D. −0.25%

27. 为了检验检测机构工作开展需要,应该在其内部设立专门的(　　)。

A. 技术领导小组　　　　B. 总工办

C. 技术协调小组　　　　D. 技术委员会

28. 下列选项中,(　　)不会包括在最高管理者授权发布的质量方针中。

A. 管理体系的目的

B. 为客户提供检验检测服务质量的承诺

C. 质量管理目标

D. 遵循准则要求、持续改进管理体系的承诺

29. 交通运输基本建设的强制性行业标准代号是(　　)。

A. JTG　　B. JTG/T　　C. JGJ/T　　D. JTJ

30. 信用等级被评为很差的工地试验室授权负责人,(　　)年内不能担任工地试验室授权负责人。

A. 1　　B. 2　　C. 3　　D. 5

31. 1 平方米面积上均匀垂直作用于 1 牛顿力所形成的压强,称之为(　　)。

A. 1 千克力　　B. 1 兆帕　　C. 1 牛　　D. 1 帕

32. 检验检测机构只应对(　　)申诉、投诉的处理过程及结果及时记录,按规定归档。

A. 以书面形式的　　B. 合理的

C. 不合理的　　D. 选项 ABC

33. 检验检测机构的人员负有保密义务,因此,检验检测机构应当建立并实施相应的保密(　　)。

A. 规定　　B. 程序　　C. 措施　　D. 方针

34. 建立公路水运工程工地试验室是为了进一步加强工地试验室管理,规范试验检测行为,提高试验检测数据的(　　)和准确性,保证公路水运工程质量。

A. 客观性　　B. 完整性　　C. 科学性　　D. 真实性

35. 作为责任主体的(　　)应该加强对授权工地试验室的管理和指导,并对工地试验室试验检测结果的真实性和准确性负责。

A. 施工总包机构　　B. 施工检测机构

C. 母体试验检测机构　　D. 工程监督机构

36. 在试验检测中,两个测量数据分别记录为:甲 15.50^{+},乙 15.50^{-},该记录表示(　　)。

A. 甲实测值比 15.50 大,经修约舍弃为 15.50;乙实测值比 15.50 小,经修约进 1 为 15.50

B. 甲实测值比 15.50 小,经修约进 1 为 15.50;乙实测值比 15.50 大,经修约舍弃后为 15.50

C. 甲实测值比 15.50 大,经修约进 1 为 15.50;乙实测值比 15.50 大,经修约舍弃后为 15.50

D. 甲实测值比 15.50 小,经修约进 1 为 15.50;乙实测值比 15.50 小,经修约进 1 后为

15.50

37. 下列不属于初审必须完成的工作的是(　　)。

A. 检查检测机构检定和校准是否按规定进行

B. 检查检测机构采用的试验检测标准、规范和规程是否合法有效

C. 检查检测机构申报材料与实际状况的符合性

D. 检查检测机构是否具有良好的试验检测业绩

38. 换证复核评审不合格的检测机构,质监机构应当责令其在(　　)天内进行整改,整改期内不得承担质量评定和工程验收的试验检测业务。

A. 30　　B. 90　　C. 15　　D. 180

39. 按照《公路水运工程试验检测专业技术人员职业资格考试实施办法》,下列选项中,不属于助理检测工程师职业能力要求的是(　　)。

A. 熟悉相关的技术标准、规范、规程

B. 熟悉相关的法律法规

C. 编制试验检测报告

D. 编制试验检测方案

40. 按照国际单位制要求的记录形式,用万分之一的分析天平准确称量0.8g试样,正确的原始记录表述是(　　)。

A. 0.8g　　B. 0.80g　　C. 0.800g　　D. 0.8000g

二、判断题(请对下列题述观点正确与否进行判断,判断准确得分,否则不得分。每题1分。)

1. 公路工程从规划到养护管理全过程所需要制定的技术、管理与服务标准,以及相关的安全、环保和经济方面的评价等标准都是公路工程标准体系范围。

(　　)正确　　(　　)不正确

2. 只有国家标准才有强制性标准和推荐性标准之分。

(　　)正确　　(　　)不正确

3.《公路水运工程试验检测信用评价办法(试行)》对试验检测人员信用评价划分为五个等级。

(　　)正确　　(　　)不正确

4.《关于进一步加强公路水运工地试验室管理工作的意见》是由省级交通质量监督机构发布的。

(　　)正确　　(　　)不正确

5.《公路水运工程试验检测信用评价办法(试行)》也适用于承担公路水运工程质量检定

的其他试验检测业务的试验检测机构诚信行为的评价。

( )正确 ( )不正确

6. 工地试验室及现场检测出具虚假数据报告并造成质量标准降低的，信用评价扣100分。

( )正确 ( )不正确

7. 检测人员应该独立开展检测工作，并保证试验检测数据科学、客观、公正，对试验检测结果承担法律责任。

( )正确 ( )不正确

8. 机构评审中，如果初审合格的就进入现场评审阶段；但是初审认为有需要补正的，质监机构应当及时退还申请材料，并说明理由。

( )正确 ( )不正确

9. 申请换证复核的试验检测机构，应将机构、人员等信息录入部质监局试验检测管理信息系统。

( )正确 ( )不正确

10. 检测机构对属于部质监局评定的增项复核申请，应该在等级证书有效期满，报部质监局。

( )正确 ( )不正确

11. 检测机构依据合同承担公路水运工程试验检测业务，一律不得转包、分包。

( )正确 ( )不正确

12. 一个组织的质量管理体系可以有几个。

( )正确 ( )不正确

13. 能力验证活动中的样品均匀性检验应该在尽可能短的时间内，由同一实验室、同一人员、采用同一方法、同一设备，完成样品的检验。

( )正确 ( )不正确

14. 国际单位制由SI基本单位、SI导出单位、SI词头和SI单位的倍数和分数单位构成。

( )正确 ( )不正确

15. 可以采用外包形式制备能力验证的样品。

( )正确 ( )不正确

16. 无论是持有公路水运工程试验检测工程师或助理试验检测师证书的实验检测从业人员，以及取得公路水运工程实验检测等级证书并承担公路水运工程质量鉴定、验收、评定（检验）、监测机构，还是第三方实验检测业务的实验检测机构的从业承诺履行状况等诚信行为的评价，都要遵循《公路水运工程试验检测信用评价办法（试行）》。

( )正确 ( )不正确

17. 试验检测机构的信用评价采用综合评分制。

(　　)正确　　　　　　　　　　　　　　　　(　　)不正确

18. 在一个行政区域内的所有公路水运工程检测机构的换证复核工作应该由省级质监机构负责。

(　　)正确　　　　　　　　　　　　　　　　(　　)不正确

19. 属于部质监局评定的增项复核以现场核查为主。

(　　)正确　　　　　　　　　　　　　　　　(　　)不正确

20. 对检测机构进行现场核查过程中发现涉及机构、个人出具虚假数据问题,采取整改方式处理。

(　　)正确　　　　　　　　　　　　　　　　(　　)不正确

21. 施工单位、监理单位应根据工程质量安全管理需要或合同约定,在工程现场自行设立工地试验室,一律不能委托第三方检测机构设立工地试验室。

(　　)正确　　　　　　　　　　　　　　　　(　　)不正确

22. 同一个量在重复条件下测量结果不同时的不确定度是不同的。

(　　)正确　　　　　　　　　　　　　　　　(　　)不正确

23. 公路水运工程试验检测专业技术人员职业资格证书由交通运输部职业资格中心登记,并向社会公布。

(　　)正确　　　　　　　　　　　　　　　　(　　)不正确

24. 检测机构可设立工地临时试验室,承担相应公路水运工程的试验检测业务,并对其试验检测结果承担责任。检测机构应该负责工地临时试验室的业务指导、行政管理、监督检查。

(　　)正确　　　　　　　　　　　　　　　　(　　)不正确

25. 校准周期属于强制性约束的内容。

(　　)正确　　　　　　　　　　　　　　　　(　　)不正确

26. 为了评定计量器具的技术特性,计量检定规程规定了检定参数和范围。

(　　)正确　　　　　　　　　　　　　　　　(　　)不正确

27. 校准过程中产生了修正因子,检验检测机构需确保备份得到正确更新。

(　　)正确　　　　　　　　　　　　　　　　(　　)不正确

28. 测量不确定度与具体测量得到的数值大小有关。

(　　)正确　　　　　　　　　　　　　　　　(　　)不正确

29. 申诉是客户对检验检测机构提供的检验检测服务或者数据、结果提出正式的书面异议或者争议。

(　　)正确　　　　　　　　　　　　　　　　(　　)不正确

30.《检验检测机构资质认定管理办法》(质检总局令第163号)包括7章共50条内容。

(　　)正确　　　　　　　　　　　　　　　　(　　)不正确

三、多项选择题（在下列各题的备选答案中，有两个或两个以上的备选项符合题意，请填写符合题意的备选项，选项部分正确按比例得分，出现错误选项该题不得分，完全正确的得满分。每题2分。）

1. 下列有关系统测量误差的表述，正确的是（　　）。

A. 测得量值与参考量值之差称系统测量误差

B. 在重复测量中保持不变或按可预见方式变化的测量误差的分量称系统测量误差

C. 测量误差包括样品制备不当产生的误差

D. 系统测量误差及来源已知时，可采用修正值进行补偿

2. 能力验证结果通常需要转化为能力统计量，以下表达式中代表定量结果能力统计量的是（　　）。

A. 差值 D　　B. 标准四分位间距

C. $D\%$　　D. 中位值

3. 检验检测机构应该具有固定的场所和工作环境，满足检验检测要求，工作场所形式包括（　　）。

A. 固定设施　　B. 临时设施

C. 移动设施　　D. 野外设施

4. 以下属于测量设备的有（　　）。

A. 测量仪器　　B. 软件

C. 测量标准　　D. 参考标准

5. 抽样方案至少应当包括（　　）。

A. 样本量　　B. 质量判定规则

C. 抽样时间　　D. 抽样方法

6. 资质认定应该经过的环节包括（　　）。

A. 受理　　B. 技术评审

C. 行政审批　　D. 发证

7. 关于计量检定，下列说法正确的是（　　）。

A. 计量检定是进行量值传递的重要形式

B. 计量检定就是对设备进行检验

C. 计量检定是保证量值准确一致的重要措施

D. 计量检定包括检验和加封盖印

8. 作业指导书是管理体系文件之一，它包括的内容是（　　）。

A. 仪器设备操作规程　　B. 仪器设备档案记录

C. 方法的实施细则　　D. 仪器设备说明书

9. 公路水运工程试验检测机构出现下列(　　)行为的,其信用等级评定直接确定为D级。

A. 出借试验检测等级证书承揽试验检测业务

B. 借用试验检测等级证书承揽试验检测业务

C. 出具虚假数据报告

D. 所设立的工地试验室有得分为0分

10. 测量数据的表达方法通常有(　　)等。

A. 表格法　　B. 图示法

C. 经验公式法　　D. 坐标法

11. 资质认定标志(CMA图案和资质认定证书编号)的颜色建议为(　　)。

A. 红色　　B. 蓝色

C. 朱红色　　D. 黑色

12. 实验室建立的管理体系要满足实验室资质认定评审准则的要求,因此要具有(　　)等特性。

A. 系统性　　B. 科学性

C. 有效性　　D. 完整性

13. 检验检测机构可以使用的检测方法有(　　)。

A. 行业标准方法　　B. 非标准方法

C. 检验检测机构制定的方法　　D. 国家标准方法

14. 设备在出现下列(　　)情形时,必须停用。

A. 给出可疑结果　　B. 超出规定限度

C. 曾经过载　　D. 不能正常开机

15. 下列配套文件中,哪些文件属于管理类的配套文件(　　)。

A. 检验检测机构资质认定　检验检测专用章使用要求

B. 检验检测机构资质认定　公正性和保密性要求

C. 检验检测机构资质认定评审准则

D. 检验检测机构资质认定申请书

16.《公路水运工程安全生产监督管理办法》已于2016年3月7日起施行,其编制的依据是(　　)。

A.《中华人民共和国安全生产法》

B.《建设工程安全生产管理条例》

C.《公路法》

D.《安全生产许可证条例》

17. 质量检验的可靠性与(　　)有关。

A. 质量检验手段的可靠性　　B. 抽样检验方法的科学性

C. 仪器设备的量程　　D. 抽样方案的科学性

18. 下列申请人有权向省级以上质量技术监督部门提出质量鉴定申请(　　)。

A. 司法机关

B. 处理产品质量纠纷的有关社会团体

C. 产品质量争议双方当事人

D. 质量技术监督部门或者其他行政管理部门

19. 行业标准的编号由(　　)组成。

A. 国家标准代号　　B. 行业标准代号

C. 标准顺序号　　D. 年号

20. 工地试验室标准化建设的核心是(　　)。

A. 质量管理精细化　　B. 检测工作科学化

C. 硬件建设标准化　　D. 数据报告公正化

21. 承担公路水运工程质量事故鉴定的试验检测机构应满足以下(　　)条件。

A. 取得由交通运输主管部门颁发的《等级证书》

B. 通过计量认证

C. 通过国家实验室认可

D. 取得由交通运输主管部门颁发的甲级或者相应专项能力的《等级证书》

22. 检验检测机构应该具有固定的场所和工作环境，满足检验检测要求，工作环境不满足要求时，可以采取(　　)方式，确保检测室的良好状态。

A. 时间隔离　　B. 空间隔离　　C. 物理隔离　　D. 人员隔离

23. 检验检测机构应当定期向资质认定部门上报年度报告，年度报告的内容必须包括(　　)。

A. 持续符合资质认定条件和要求

B. 遵守从业规范

C. 开展检验检测活动

D. 期内的检测业绩

24. 测力环经校准，测得力值与百分表读数如下：

力值(kN)(X)	0	1	2	3	4	5
百分表读数(mm)(Y)	1.000	1.440	1.878	2.330	2.780	3.246

对校准结果确认计算正确的是(　　)。

A. $Y = 2.2288X - 2.2079, R^2 = 0.999$

B. $Y = 0.4486X + 0.9908, R^2 = 0.999$

C. $Y = 2.2288X + 2.2079, R^2 = 0.999$

D. $Y = 0.4486X - 0.9908, R^2 = 0.999$

25. 期间核查可以采用的方式是(　　)。

A. 仪器间的比对　　B. 标准物质验证

C. 方法比对　　D. 加标回收

模拟试题三

说明:1. 本模拟试题设置单选题40道、判断题30道、多选题25道,总计120分;模拟自测时间为120分钟。

2. 本模拟试题仅供考生进行考前自测使用。

一、单项选择题(下列各题中,只有一个备选项最符合题意,请填写最符合题意的一个备选项,选错或不选不得分。每题1分。)

1. 检验检测机构应该具备正确进行检验检测活动所需要的,并且能够独立调配使用的(　　)检测场所。

A. 固定的　　B. 固定的和可移动的

C. 固定的和临时的　　D. 固定的、临时的和可移动的

2. 检验检测机构应该有与其从事检验检测能力相适应的(　　)。

A. 专业技术人员和关键岗位人员

B. 管理人员和检验检测人员

C. 专业技术人员和管理人员

D. 检测人员、关键岗位人员和辅助人员

3. (　　)必须申请检验检测机构资质认定。

A. 企业内部的检测部门

B. 大专院校的实验室

C. 计量检定研究院

D. 为社会出具具有证明作用的数据和结果的机构

4. 检验检测机构一般应为独立法人,非独立法人的机构需要进行(　　)。

A. 由上级主管单位确认其最高管理者

B. 经法人书面授权

C. 县级以上资质认定部门批准

D. 当地资质认定部门批准

5. 检验检测机构的管理体系应当覆盖(　　)。

A. 在固定场所开展的检验检测工作

B. 在非固定场所实施的质量管理和开展的检验检测工作

C. 在所有场所进行的质量管理和开展的检验检测工作

D. 在其他场所开展的检验检测工作

6. 检测过程中使用不合格的计量器具或者破坏计量器具准确度,给国家和消费者造成损失的,会受到相应处罚。下列选项中,不属于相应处罚措施的是(　　)。

A. 没收违法所得　　B. 暂停涉事检测人员检测业务

C. 责令赔偿损失　　D. 没收计量器具

7. 检验检测机构的质量负责人的责任是(　　)。

A. 对技术方面的工作全面负责

B. 对技术工作日常负责

C. 技术负责人的代理人

D. 对管理体系的运行全面负责

8. 检验检测机构质量手册的现行有效,由检验检测机构的(　　)负责保持。

A. 最高管理者　　B. 内审员

C. 技术负责人　　D. 质量负责人

9. 检验检测机构应该确保人员不受任何来自外部的不正当的商业、财务和其他方面的压力和影响,还要防止来自外部的(　　)。

A. 行政干预　　B. 行业影响

C. 商业贿赂　　D. 行政命令

10. 授权签字人是指由实验室提名,经过(　　),能在实验室被认可范围内的检测报告或者校准证书上获准签字的人员。

A. 企业上级部门批准

B. 资质认定部门考核批准

C. 评审组考核批准

D. 上级部门考核批准

11. 数字 45^{+2}_{-3}代表(　　)。

A. 小于 47 的值均符合要求

B. 大于 47 的值均符合要求

C. 介于 42 ~ 47 的值均符合要求

D. 介于 42 ~ 47 且包含 42 和 47 的值均符合要求

12. 按照《建设工程质量管理条例》规定,若检验检测机构(　　),由县级以上地方人民政府建设主管部门责令改正,可并处 1 万元以上 3 万元以下的罚款;构成犯罪的,依法追究刑事责任。

A. 委托未取得相应资质的检测机构进行检测的

B. 受委托方明示或暗示检测机构出具虚假检测报告，篡改或伪造检测报告的

C. 弄虚作假收检试样的

D. 超出资质范围从事检测活动的

13. 修约97.34，修约间隔为1，正确的是（　　）。

A. 97　　B. 97.3　　C. 97.4　　D. 98

14.《危险化学品安全管理条例》自（　　）起施行。

A. 2012年1月1日　　B. 2011年12月1日

C. 2011年10月25日　　D. 2011年2月16日

15. 交通质监机构在监督检查中发现检测机构有违反《公路水运工程试验检测管理办法》的行为时，不会采取的行为是（　　）。

A. 质监机构不再委托其承担检测业务

B. 约谈项目管理者

C. 警告

D. 限期整改

16. 下列选项中，不属于对检测报告格式要求的是（　　）。

A. 不准用铅笔书写　　B. 不准随意更改

C. 采用统一字体大小和仿宋体　　D. 采用统一的封面格式

17. 甲级试验检测机构配备试验检测人员中，下列不属于对技术负责人要求的是（　　）。

A. 具备质量负责人资格　　B. 持试验检测师证书

C. 8年以上试验检测工作经历　　D. 相关专业高级职称

18. 设备比对应具备的条件不包括（　　）。

A. 相同的操作者　　B. 类似的被测对象

C. 相同的地点　　D. 相同的测量系统

19. 由于工期紧，客户要求检测机构缩短标准、规范规定的样品养生时间或样品静置时间完成检测项目时，应做以下（　　）处理。

A. 不接受客户的要求

B. 依据采用非标准方法程序

C. 依据允许偏离的程序

D. 依据不符合检测工作的程序

20. 实验室每年至少开展一次内部审核，需增加内审次数的情况为（　　）。

A. 实验室搬迁　　B. 增加新人员

C. 业务范围扩大　　D. 有客户投诉

21.（　　）是属于数据离散程度的统计特征量。

A. 标准偏差　　B. 变异系数

C. 中位数　　D. 极差

22. 0.04090 的有效位数为(　　)。

A. 1 位　　B. 3 位　　C. 4 位　　D. 5 位

23. 检定的结果是通过检察测试或与标准物比较,确定是否可以继续使用,其结果是给出(　　)。

A.《校准证书》　　B.《校准报告》

C.《检定合格证书》　　D.《校准合格证书》

24. 按照《检验检测机构资质认定管理办法》(质检总局令第 163 号)规定,检验检测机构资质认定标志,由 China Inspection Body and Laboratory Mandatory Approval 的英文缩写 CMA 形成的图案和由一些代码组成的资质认定证书 12 位编号构成。下面选项中,不属于编号代码内容的是(　　)。

A. 发证年份代码　　B. 发证机关代码

C. 发证省别代码　　D. 专业领域类别代码

25. 下列有关仪器设备检定校准状态标识的使用,正确的做法是(　　)。

A. 仪器设备的校准的多个参数中,其中有一个参数误差通过修正后满足要求,其余参数均满足要求,该设备加贴绿色标识

B. 仪器设备的校准的多个参数中,其中有一个参数误差通过修正后满足要求,其余参数均满足要求,该设备合格部分加贴绿色标识,有修正部分贴黄色标识

C. 仪器设备校准的多个参数中,其中有一个参数误差通过修正后满足要求,其余参数的标准误差均符合要求,该设备加贴黄色标识

D. 仪器设备校准的多个参数中,其中有一个参数误差通过修正后满足要求,其余参数的标准误差均符合要求,该设备加贴红色标识

26. 检验检测机构的质量管理是在确定质量方针、目标和职责,并在管理体系中通过诸如质量策划、质量控制、(　　)和质量改进使其实施全部管理职能的所有活动。

A. 质量监督　　B. 质量监控

C. 质量保证　　D. 质量检查

27. 用于校准的设备,其自身的误差应小于或等于被测设备最大允许误差绝对值的(　　)。

A. 1/5　　B. 1/6　　C. 1/3　　D. 1/2

28. 下列关于选择试验检测仪器设备期间核查标准的说法,错误的是(　　)。

A. 若存在合适的比较稳定的实物量具,就可以作为核查标准

B. 若存在合适的比较稳定的被测物品,也可选用一个被测物品作为核查标准

C. 机构应对所有在用仪器设备开展期间核查,尤其是那些性能稳定,使用频率不高,不易损坏的仪器设备更需要进行期间核查

D. 若对于某个仪器设备,不存在可作为核查标准的实物量具或稳定的被测物品,则可不进行期间核查

29. 实验室应建立和维持程序来控制构成其(　　)的所有文件。

A. 质量体系　　B. 管理体系

C. 文件体系　　D. 文件程序

30. 实验室所有的记录应予以安全保护和(　　)。

A. 存档　　B. 维护

C. 保密　　D. 监督

31. 检验检测机构可以分包的情形是(　　)。

A. 不具备检测能力　　B. 工作量大,时间要求紧的

C. 出口检验项目　　D. 仪器设备使用频次低的项目

32. 选择合格仪器设备的供应商服务单位时,一般应评价其(　　)。

A. 售后服务水平　　B. 产品价格

C. 产品质量　　D. 单位规模

33. (　　)是检验检测机构合同评审的结果。

A. 检测报告　　B. 检定证书

C. 程序文件　　D. 检测委托书

34. 在资质认定整个工作中,资质认定部门和参与资质认定工作的人员会获得的有关检验检测机构的商业、技术等信息。按照《检验检测机构资质认定公正性和保密性要求》应该保密的信息是(　　)。

A. 检验检测机构申请资质认定的资料及文件

B. 暂停或撤销资质认定

C. 扩大或缩小资质认定范围的信息及获准资质认定的范围

D. 从其他合法渠道获得的有关检验检测机构的公开信息

35. 摆式摩擦系数测定仪使用前,除需对摆及摆连接部分总质量、立柱垂直度、摆的重心距离等参数进行校准外,还需对滑溜块多个参数进行校准。其中,对滑溜块的硬度校准采用的硬度是(　　)。

A. 布氏硬度　　B. 维氏硬度　　C. 邵氏硬度　　D. 洛氏硬度

36.《公路水运工程试验检测机构等级证书》由质监总站统一规定格式,其有效期为(　　)年。

A. 2　　B. 3　　C. 5　　D. 6

37. 机构负责人、技术负责人等发生变更的,应当自变更之日起(　　)日内,到原发证质监机构办理变更登记手续。

A. 15　　B. 7　　C. 10　　D. 30

38. 检验检测机构管理评审的组织者是(　　),管理评审的目的是就质量方针和目标,对质量体系的现状和适应性进行的正式评审。

A. 技术负责人　　B. 质量负责人

C. 最高管理者　　D. 质量主管

39. 2012 年 1 月 1 日是(　　)的实施时间。

A.《公路水运工程试验检测机构等级标准》

B.《公路水运试验检测机构等级评定程序》

C.《公路水运工程试验检测人员继续教育办法(试行)》

D.《关于进一步加强公路水运工程工地试验室管理工作的意见》

40. 检验检测机构的采购服务不包括(　　)。

A. 仪器设备的采购　　B. 抽排设施的安装

C. 仪器设备的检定　　D. 选择消耗性材料的供应商

二、判断题(请对下列题述观点正确与否进行判断,判断准确得分,否则不得分。每题 1 分。)

1. 测量正确度是无穷多次重复测量所得量值的平均值与一个参与量值之间的一致程度。

(　　)正确　　(　　)不正确

2. 实验室开展新项目时,应组织比对验证试验进行能力确认。

(　　)正确　　(　　)不正确

3. 扩展不确定度是由合成标准不确定度的倍数表示的测量不确定度。

(　　)正确　　(　　)不正确

4. 检测机构存在多个试验场所时,其每个分场所都需建立各自的质量体系。

(　　)正确　　(　　)不正确

5. 系统误差可利用修正值进行补偿,这种补偿并不完全。

(　　)正确　　(　　)不正确

6. 如果试验检测机构承接的检测参数既未通过等级评定也未通过计量认证的,就属于超业务范围,检测机构不可以出具报告。

(　　)正确　　(　　)不正确

7. 试验检测人员参加继续教育是个人行为,与所在的试验检测机构无关。

(　　)正确　　(　　)不正确

8. 工地试验室非授权助理试验检测师须注册登记在母体检测机构。

( )正确 ( )不正确

9.《公路试验检测数据报告编写导则》记录中的复核人与报告的审核人需具备检测试验检测师资格。

( )正确 ( )不正确

10. 客户以口头形式表达的投诉,实验室应该记录归档。

( )正确 ( )不正确

11. 强制检定的计量标准和强制检定的工作计量器具,统称为强制检定的计量器具。

( )正确 ( )不正确

12. 公路水运工程试验检测检测机构等级,是依据检测机构的公路水运工程试验检测水平、配备的设备数量及精密程度、高级检测人员的数量和属于公司产权(或租赁)场地的面积进行的能力划分。

( )正确 ( )不正确

13. 母体检测机构上年度信用评价等级在C级以上的检测机构不宜作为授权设立工地试验室的母体检测机构。

( )正确 ( )不正确

14. 用于检验检测并对结果有影响的设备及其软件,如可能,均应加以唯一性标识。

( )正确 ( )不正确

15. 公路水运工程试验检测人员出具虚假数据报告造成质量标准降低的,信用评价扣40分。

( )正确 ( )不正确

16. 名为"诚信衡器"的店家不可以制造、修理简易的计量器具。

( )正确 ( )不正确

17. 检验检测机构应当建立与活动范围相适应的管理体系,作业指导书不在此范围。

( )正确 ( )不正确

18. 持证的检测人员不得借工作之便推销建设材料、构配件和设备,可以同时受聘于两家以上检测机构。

( )正确 ( )不正确

19. 确认检验检测机构的检验检测能力是评审组进行现场评审的核心环节。

( )正确 ( )不正确

20. 试验检测人员的信用评价采用随机检查累计扣分制。

( )正确 ( )不正确

21. 规范是对某一阶段或某种结构的某项任务的目的、技术内容、方法、质量要求等作出的系列规定。

(　　)正确　　　　　　　　　　　　　　　(　　)不正确

22. 助理试验检测师、试验检测师应当通过公共基础科目和至少一门专业科目的考试可以取得上岗证书,高级工程师免考公共基础。

(　　)正确　　　　　　　　　　　　　　　(　　)不正确

23. 当一台设备需对多个参数进行校准时,参数合格的部分可粘贴绿色标识,误差超出合格范围但可降级使用的部分粘贴黄色标识。

(　　)正确　　　　　　　　　　　　　　　(　　)不正确

24. 测量仪器即测量设备,是用于进行测量的装置。

(　　)正确　　　　　　　　　　　　　　　(　　)不正确

25. 变更审查不能采用书面审查的类型。

(　　)正确　　　　　　　　　　　　　　　(　　)不正确

26. 公路水运工程试验检测机构的等级评定和换证复核都是以书面审查为主,必要时可进行现场评审。

(　　)正确　　　　　　　　　　　　　　　(　　)不正确

27. JTG D54—2001 可以解读为交通运输部公路工程标准 D 类第 5 种的第 4 项标准,破折号后是发布年。

(　　)正确　　　　　　　　　　　　　　　(　　)不正确

28. 检测机构在同一公路水运工程项目标段中,不得同时接受业主、监理、施工等三方的试验检测委托任务。

(　　)正确　　　　　　　　　　　　　　　(　　)不正确

29. 根据国家有关法律、法规的规定,依据工程建设技术标准、规范、规程,对公路水运工程所用材料、构件、工程制品、工程实体的质量和技术指标等进行的试验检测活动,叫公路水运工程试验检测。

(　　)正确　　　　　　　　　　　　　　　(　　)不正确

30. 对工地临时试验室进行活动的监督,只应由母体试验室进行。

(　　)正确　　　　　　　　　　　　　　　(　　)不正确

三、多项选择题(在下列各题的备选答案中,有两个或两个以上的备选项符合题意,请填写符合题意的备选项,选项部分正确按比例得分,出现错误选项该题不得分,完全正确的得满分。每题 2 分。)

1. 检测机构等级评定的初审内容主要包括(　　)。

A. 典型报告(包括模拟报告)及业绩证明

B. 质量保证体系是否具有可操作性

C. 人员考试合格证书和聘用关系证明文件

D. 申报的试验检测项目范围及设备配备与所申请的等级是否相符

2. 下列选项中,对“标准”的理解正确的是( )。

A. 标准是法律依据
B. 标准是简要文字说明
C. 标准由国家部委制定
D. 标准过一定时间后可以进行修改

3. 检验检测机构测量装置校准可以采用( )方式进行。

A. 自校
B. 送检
C. 外校
D. 自校与外校相结合

4. 以标准正态分布为例,统计分布中常见的术语有( )。

A. 置信概率
B. 置信度
C. 置信区间
D. 置信因子

5. 实验室应依据( )建立质量管理体系。

A. ISO 9000 系列质量管理体系

B. ISO 14000 系列质量管理体系

C. ISO 18000 系列质量管理体系

D. ISO/IEC 17025 检测和校准实验室能力的认可准则

6. 检测人员证书到期,发证部门应对其( )进行审核后,方可决定是否允许其继续从事检测活动。

A. 参加继续教育情况
B. 参加能力验证情况
C. 信用记录
D. 业绩

7. 安全生产费用可以用于( )。

A. 购买灭火器材、消防设施和设置消防通道

B. 购买安全帽、防护服、防毒面具等

C. 生产条件的改善

D. 人员的安全培训

8. 参与能力验证进行实验室之间比对的样品,一般应具备( )特征。

A. 从材料源中指定
B. 从材料源中随机得到
C. 与日常检测样品的相识性
D. 样品的均匀性

9. 下列情况属于自校准的是( )。

A. 试验室人员对自用试模的校准

B. 全站仪开机时的设备自我校准

C. 设备厂家对提供的无溯源证书的标准样品的校准

D. 试验室对设备进行期间检查

10. 载重为8吨的汽车采用重力表述,下列选项中错误的是(　　)。

A. 8t　　B. 79kN　　C. 8kN　　D. 800kN

11. 描述样品检验状态的标识,正确的是(　　)。

A. 未检　　B. 在检　　C. 检毕　　D. 留样

12. 下列哪些行为是属于违规使用行业证书(　　)。

A. 同一个人将监理证书与检测证书同时注册在不同的法人单位

B. 将已取得证书复制后使用

C. 同一个人将助理试验检测师证书与检测试验检测师证书同时分别用于不同项目的工地试验室备案

D. 同一个检测试验检测师证书注册单位和工地试验室授权书单位不一致

13. 下列选项中,属于系统抽样的有(　　)。

A. 定位系统抽样　　B. 等距抽样

C. 散料抽样　　D. 分层抽样

14. 当出现下列(　　)情况时,试验检测机构的原等级证书失效。

A. 等级证书到期未按规定期限申请换证核查

B. 换证复核时被注销等级证书

C. 试验检测机构将业务转包、违法分包的

D. 被降低等级的试验检测机构

15. 混凝土回弹仪在出/入外出检测室时,需完成(　　)工作。

A. 检查设备配件、外观,作好出入记录

B. 送计量检定部门检定校准

C. 报技术负责人同意

D. 借出前、返回后在标准钢砧上率定,记录率定值

16. 以下物质中,属于标准物质的有(　　)。

A. 外加剂试验用基准水泥　　B. 筛孔标定用标准粉

C. 石灰试验用标准盐酸　　D. 标准砂

17. 按照《检验检测机构资质认定管理办法》规定进行技术评审工作,评审组在技术评审中发现有不符合要求时,可以采取(　　)方式处理。

A. 书面通知申请人限期整改,直至完成整改

B. 书面通知申请人限期整改,整改30个工作日

C. 申请人在整改期内完成,相应评审项目判定合格

D. 申请人在整改期内未完成,相应评审项目判定不合格

18. 我国法定计量单位由(　　)和(　　)构成。

A. 国际单位制单位　　B. 国家选定的非国际制单位

C. 确定保留的与 SI 单位并用的单位　　D. 工程单位制

19. 下列单位符号中,(　　)是正确的具有专门名称的 SI 导出法定计量单位。

A. kg　　B. N　　C. Pa　　D. V

20. 由两个以上单位相除构成的组合单位,其符号可用下列形式表示,(　　)是正确的表示。

A. kg/m^3　　B. $kg \cdot m^3$　　C. $kg \cdot m^{-3}$　　D. kgm^{-3}

21. 试验检测机构、工地试验室及现场检测项目信用评价的依据包括(　　)。

A. 各级质监机构开展的监督检查中发现的违规行为

B. 上一年度信用评价时发现的严重违规行为

C. 交通运输主管部门通报批评中的违规行为

D. 投诉举报查实的违规行为

22. 能力验证计划的基本步骤包括(　　)。

A. 指定值的确定

B. 能力统计量的计算

C. 能力评定

D. 能力验证物品均匀性和稳定性的评定

23. 在能力验证活动中,对于定性数据和半定量结果的评价结论一般表述为(　　)。

A. 差　　B. 满意　　C. 优秀　　D. 离群

24. 在检验检测机构能力验证活动的样品制备过程中,应该尽量保证样品的(　　)。

A. 数量足够并有剩余　　B. 制备者的能力

C. 与日常检测样品的相识性　　D. 样品的可靠性

25. 下列哪些情况属于报告签字人不具备资格(　　)。

A. 试验助理试验检测师对记录复核签字

B. 取得公路专业试验检测试验检测师资格证书在水运工程材料报告中签字

C. 隧道专业试验检测试验检测师在基桩检测报告中签字

D. 试验检测试验检测师经母体授权负责工地试验室管理,其证书未注册登记

参考答案及解析

模拟试题一

一、单项选择题

1.【答案】C

【解析】见《检验检测机构资质认定管理办法》第十条。这是质检总局第163号令提出的一个新的资质认定评审工作时限,旨在提高政府部门的工作实效。

2.【答案】C

【解析】每个机构的样品管理员、室主任、技术负责人都可能参与合同评审,但机构都应该按照合同性质不同规定进行合同评审应该参加的人员。所以比较恰当的答案是选项C。

3.【答案】A

【解析】见《检验检测机构资质认定管理办法》第四十二条(六)。

4.【答案】A

【解析】见《检验检测机构资质认定评审准则》4.5.33。"4.5.33 检验检测机构有下列情形之一,应当向资质认定部门申请办理变更手续:a)机构名称、地址、法人性质发生变更的;b)法定代表人、最高管理者、技术负责人、检验检测报告授权签字人发生变更的;c)资质认定检验检测项目取消的;d)检验检测标准或者检验检测方法发生变更的;e)依法需要办理变更的其他事项。"这是质检总局第163号令新增加的,明确了对于检验检测机构一些不用的参数应该怎么样规范处理的问题。

5.【答案】D

【解析】见《检验检测机构资质认定评审准则》4.4.9。量值溯源的目的是保证使检验检测机构的检测活动结果的准确性,其他选项是近似选项。

6.【答案】C

【解析】见《检验检测机构资质认定评审准则》4.5.10。这里与纠正、发生偏离和预防工作都无关,只是涉及不符合工作的处理过程,所以是选项C。

7.【答案】C

【解析】见《公路水运工程试验检测管理办法》第八条。"检测机构被评为丙级、乙级后须满1年且具有相应的试验检测业绩方可申报上一等级的评定。"

8.【答案】D

【解析】见《中华人民共和国计量法实施细则》。

9.【答案】D

【解析】见《检验检测机构资质认定评审准则》4.5.2。

10.【答案】C

【解析】计量认证的专业类别代码:P 交通,R 建设(建材、城建、建工),N 铁路,Y 计量,Z 其他。

11.【答案】C

【解析】见《检验检测机构资质认定管理办法》(质检总局令第 163 号)。

12.【答案】C

【解析】见《实验室资质认定工作指南》(中国计量出版社出版,2007)。具备《实验室资质认定评审准则》、《检测和校准实验室能力的通用要求》(GB/T 27025)规定的质量体系并有效运行 6 个月以上。

13.【答案】C

【解析】理解标准偏差的定义。

14.【答案】C

【解析】掌握国际单位制和非国际单位制。

15.【答案】D

【解析】见《检验检测机构资质认定评审准则》的要求。

16.【答案】A

【解析】掌握我国的法定计量单位,见考试用书表 7-5。

17.【答案】C

【解析】盲样管理,是指在试验检测过程中,试验检测员不知道样品的委托单位、工程名称等信息,这些具体信息只有收样人和样品管理员知道,而收样人和样品管理员不得参与试验检测工作,从而杜绝试验检测人员伪造数据等现象的发生,保证试验检测过程的科学、公正、公平和试验检测结果的准确性。

18.【答案】D

【解析】见《公路水运工程试验检测机构等级标准》和《公路水运工程试验检测机构等级评定程序》(交质监发[2008]274 号)。

19.【答案】B

【解析】见《公路试验检测数据报告编写导则》相关规定。

20.【答案】A

【解析】见《公路水运工程试验检测机构换证复核细则》(质监综字[2013]7 号)。

21.【答案】C

【解析】见《检验检测机构资质认定评审准则》及释义4.2.5。对实验室监督人员的要求应该是关键环节。要区分监督员与内审员的职责,内审员可以是全过程,监督员不应该有这个职责。选项B、D又达不到人员能力监督的目的。

22.【答案】D

【解析】国家法定计量单位的名称、符号由国务院公布。

23.【答案】B

【解析】见《数值修约规则与极限数值的表示和判定》(GB/T 8170—2008)。

24.【答案】B

【解析】见《检验检测机构资质认定评审准则》相关规定。

25.【答案】B

【解析】1)合格标志(绿色):经计量检定或校准、验证合格,确认其符合检测/校准技术规范规定的使用要求的;2)准用标志(黄色):仪器设备存在部分缺陷,但在限定范围内可以使用的(即受限使用的);3)停用标志(红色):仪器设备目前的状态不能使用的,但经检定、校准或修复后可以使用的。

26.【答案】B

【解析】见《检验检测机构资质认定管理办法》相关规定。

27.【答案】B

【解析】见《检验检测机构资质认定管理办法》中文件管理的相关要求。

28.【答案】A

【解析】量值溯源的概念。

29.【答案】D

【解析】见《公路水运工程试验检测管理办法》第二十四条,这类问题需要准确记忆时限。"检测机构名称、地址、法定代表人或者机构负责人、技术负责人等发生变更的,应当自变更之日起30日内到原发证质监机构办理变更登记手续。"

30.【答案】A

【解析】见《关于进一步加强公路水运工程工地试验室管理工作的意见》第四条。本题设计的是一个"不属于"的反面问题。现实工作中,工地试验室与母体试验室的设备使用一直有个归属权问题。"设立工地试验室的母体试验检测机构,应当在其等级证书核定的业务范围内,根据工程现场管理需要或合同约定,对工地试验室进行授权。授权内容包括工地试验室可开展的试验检测项目及参数、授权负责人、授权工地试验室的公章、授权期限等。"

31.【答案】D

【解析】见《数值修约规则与极限数值的表示和判定》(GB/T 8170—2008)。

32.【答案】B

【解析】需要理解检定和校准的定义,这是不同的两种行为。校准的内容和项目,只是评定测量装置的示值误差,以确保量值准确;检定的内容则是对测量装置的全面评定,要求更全面,除了包括校准的全部内容之外,还需要检定有关项目。

33.【答案】C

【解析】见《公路水运工程试验检测管理办法》第二十一条。在现实工作中,机构证书的有效期多为3年,比如原来的机构资质认定期限,现在改为6年。整改期一般是3个月。另外,把两个时限放在一个题干里也是试题设计的一种方式。

34.【答案】D

【解析】校准的概念。

35.【答案】C

【解析】实际工作中比较混乱,四种选项情况都有出现。为此,质检总局163号令的附件4《检验检测机构资质认定 标志及其使用要求》作出了明确规定。"检验检测机构在资质认定证书确定的能力范围内,对社会出具具有证明作用数据、结果时,应当标注资质认定标志。资质认定标志加盖(或印刷)在检验检测报告或证书封面上部适当位置。"

36.【答案】A

【解析】检测的定义,即用指定的方法检验测试某种物体(气体、液体、固体)指定的技术性能指标,适用于各种行业范畴的质量评定,如:土木建筑工程、水利、食品、化学、环境、机械、机器等。

37.【答案】B

【解析】见《检验检测机构资质认定评审准则》的规定。注意区分签名和签字的概念。

38.【答案】B

【解析】见《检验检测机构资质认定评审准则》。

39.【答案】B

【解析】见《检验检测机构资质认定评审准则》。

40.【答案】B

【解析】仪器设备的检定/校准的服务单位选择的要求必须是通过资质认定的机构,这关系到检验检测机构仪器设备的量值溯源问题。

二、判断题

1.【答案】不正确

【解析】《检验检测机构资质认定管理办法》(质检总局令第163号)第十四条、第十五条。

2.【答案】不正确

【解析】见《检验检测机构资质认定管理办法》(质检总局令第163号)第九条、《检验检测机构资质认定评审准则》4.1。

3.【答案】不正确

【解析】见《检验检测机构资质认定管理办法》第三十条。报告和原始记录的保存期限不少于6年。

4.【答案】不正确

【解析】见《检验检测机构资质认定管理办法》第二十九条。

5.【答案】不正确

【解析】见考试用书“仪器设备计量溯源及期间核查”相关内容。

6.【答案】不正确

【解析】见《关于进一步加强公路水运工程工地试验室管理工作的意见》。

7.【答案】不正确

【解析】见考试用书“仪器设备计量溯源及期间核查”相关内容,知道设备获得检定证书后的确认活动。

8.【答案】正确

【解析】见考试用书“仪器设备计量溯源及期间核查”相关内容。

9.【答案】不正确

【解析】见《检验检测机构资质认定评审准则》4.4.3、4.4.4。软件在新准则里被纳入了设备管理范畴。注意这个题干还让我们知道设备的使用必须授权,未授权的人员不能使用相关设备。

10.【答案】不正确

【解析】见《检验检测机构资质认定管理办法》,按照偏离程序进行。

11.【答案】不正确

【解析】见《公路试验检测数据报告编写导则》(JT/T 828—2012)。报告和记录是两个编码规则。

12.【答案】不正确

【解析】见《关于进一步加强公路水运工程工地试验室管理工作的意见》,不能开展新参数检测。

13.【答案】不正确

【解析】纠正是为消除已发现的不合格而采取的措施;纠正措施是为消除已发现的不符合或其他不期望情况的原因所采取的措施。一个不符合工作可能有若干个原因,采取纠正措施就是要找出问题的原因,消除原因,防止再发生。

14.【答案】不正确

【解析】见考试用书"试验检测常用术语和定义"相关内容。修正值等于负的系统误差。

15.【答案】不正确

【解析】见《公路试验检测数据报告编制导则》,每页都应该有页码。

16.【答案】不正确

【解析】自校准一般是利用测量设备自带的校准程序或者功能或者设备厂商提供的没有溯源证书的标准样品所进行的校准活动,通常情况下,其不是有效的量值溯源活动。

17.【答案】不正确

【解析】期间核查的重点测量设备主要包括:1)仪器设备性能不稳定,漂移率大的;2)使用非常频繁的;3)经常携带到现场检测的;4)在恶劣环境下使用的仪器设备;5)曾经过载或怀疑有质量问题的;6)因设备使用频率较低,校准周期长于校准规范规定时间的。

18.【答案】正确

【解析】见《关于进一步加强公路水运工程工地试验室管理工作的意见》。

19.【答案】正确

【解析】见《关于公布〈公路水运工程试验检测机构等级标准〉及〈公路水运试验检测机构等级评定程序〉的通知》。

20.【答案】正确

【解析】见考试用书"统计技术和抽样技术"相关内容。

21.【答案】正确

【解析】见考试用书"统计技术的基础"相关内容。

22.【答案】正确

【解析】见《检验检测机构资质认定　证书及其使用要求》二。

23.【答案】正确

【解析】见考试用书"试验检测常用术语和定义"相关内容。

24.【答案】正确

【解析】公路水运工程试验检测的定义。

25.【答案】正确

【解析】见《公路试验检测数据报告编写导则》(JT/T 828—2012)的规定。

26.【答案】不正确

【解析】见考试用书"仪器设备计量溯源及期间核查"相关内容。检测用设备都需要设备的检定校准结果进行确认。

27.【答案】正确

【解析】见考试用书“扩展不确定度”的定义。

28.【答案】不正确

【解析】见考试用书“能力验证”相关内容。应知道机构间比对结果评判的方法。

29.【答案】正确

【解析】见《公路水运工程安全生产监督管理办法》第四条。

30.【答案】不正确

【解析】见考试用书“实验室管理”相关内容。不能只有以书面形式表达的投诉。

三、多项选择题

1.【答案】BCD

【解析】见《检验检测机构资质认定评审准则》的相关规定。

2.【答案】BD

【解析】见考试用书“统计技术和抽样技术”相关内容。

3.【答案】AC

【解析】见《关于进一步加强公路水运工程工地试验室管理工作的意见》。

4.【答案】AD

【解析】《数值修约规则与极限数值的表示和判定》4.3.3。选项B显然不正确;选项C修约值是0.06不符合要求;选项A的修约值是0.05满足要求;选项D修约值是0.05也是满足要求的。

5.【答案】ABCD

【解析】见《公路水运工程试验检测机构换证复核细则》(质监综字[2013]7号)。

6.【答案】ABC

【解析】见《计量法》及《计量法实施细则》。

7.【答案】ABC

【解析】见《计量法》及《计量法实施细则》。

8.【答案】BCD

【解析】见考试用书“常用数理统计工具”相关内容。

9.【答案】ACD

【解析】见《计量法》及《计量法实施细则》。

10.【答案】ABCD

【解析】见考试用书“能力验证”相关内容。

11.【答案】AD

【解析】见考试用书“国际单位制”相关内容。

12.【答案】 ACD

【解析】 见《关于进一步加强公路水运工程工地试验室管理工作的意见》。

13.【答案】 ABD

【解析】 见考试用书“仪器设备计量溯源及期间核查”相关内容。

14.【答案】 AC

【解析】 见考试用书“测量误差与测量不确定度”相关内容。

15.【答案】 AC

【解析】 见《公路水运工程试验检测机构换证复核细则》(质监综字[2013]7 号)。

16.【答案】 ABCD

【解析】 见《检验检测机构资质认定评审准则》。

17.【答案】 ABD

【解析】 见考试用书“统计技术和抽样技术”相关内容。

18.【答案】 ABCD

【解析】 见考试用书“能力验证”相关内容。

19.【答案】 ACD

【解析】 见《公路水运工程试验检测信用评价办法(试行)》。

20.【答案】 ABD

【解析】 见《检验检测机构资质认定管理办法》第一章第五条。

21.【答案】 CD

【解析】 见《检验检测机构资质认定管理办法》第二十二条。

22.【答案】 CD

【解析】 见《检验检测机构资质认定管理办法》第十一条。这是新增加的一种评审方式,需要加以重点理解记忆。

23.【答案】 BC

【解析】 见《检验检测机构资质认定评审准则》4.5.11、4.5.20 的相关规定。

24.【答案】 BC

【解析】 见考试用书“仪器设备计量溯源及期间核查”相关内容。

25.【答案】 AD

【解析】 见考试用书“试验检测常用术语和定义”相关内容。

模拟试题二

一、单项选择题

1.【答案】B

【解析】见《公路水运工程试验检测人员继续教育办法(试行)》第三章第十五条。"公路水运工程试验检测继续教育周期为2年(从取得证书的次年起计算)。试验检测人员在每个周期内接受继续教育的时间累计不应少于24学时。"考生需要准确记忆时间。

2.【答案】C

【解析】合同评审的目的是评价检测合同的可行性,要使检验检测活动可行,当然必须是检测需要的环境条件、使用的仪器设备、检测方法等是有效的;样品信息、委托方提供的信息、被委托方在检验检测过程中需要的信息等是充分的。

3.【答案】B

【解析】见《检验检测机构资质认定评审准则》4.5.9。注意需要区分规定、程序、措施和作业指导书的概念。选项D显然概念不正确,程序就是事情进行的先后次序,如工作程序。处理投诉和申诉就是一个过程,所以选项B正确。

4.【答案】C

【解析】见《检验检测机构资质认定评审准则》4.4.8,注意校准的概念。ISO 10012-1《计量检测设备的质量保证要求》将"校准"定义为:"在规定条件下,为确定计量仪器或测量系统的示值或实物量具或标准物质所代表的值与相对应的被测量的已知值之间关系的一组操作。"要重视设备使用前的校准工作,并且要知道这步工作怎么做。选项A、B、D是目前检验检测机构常常出现的认识偏差和做法。

5.【答案】D

【解析】见《公路水运工程试验检测管理办法》第十九条。"《等级证书》期满后拟继续开展公路水运工程试验检测业务的,检测机构应提前3个月向原发证机构提出换证申请。"

6.【答案】C

【解析】见《关于进一步加强公路水运工程工地试验室管理工作的意见》第十条(四)。"实行不合格品报告制度,对于签发的涉及结构安全的产品或试验检测项目不合格报告,工地试验室授权负责人应在2个工作日之内报送试验检测委托方,抄送项目质量监督机构,并建立不合格试验检测项目台账。"此条文要注意两点:一是不合格品报告制度,二是上报时限,强调的是"签发的涉及结构安全的产品或试验检测项目不合格报告"。

7.【答案】D

【解析】随机误差是由于不能预料、不能控制的原因造成的。

8.【答案】B

【解析】见《数值修约规则与极限数值的表示和判定》(GB/T 8170—2008)“修约的积”。

9.【答案】A

【解析】掌握我国的法定计量单位,见考试用书表7-5。

10.【答案】C

【解析】见《公路水运工程试验检测信用评价办法(试行)》第一章第五条。信用评价周期为1年。

11.【答案】C

【解析】《公路水运工程试验检测人员继续教育办法(试行)》自2012年1月1日起施行。这里用通过时间和假设时间来混淆正确的答案。

12.【答案】C

【解析】见《计量法实施细则》第五章第二十五条规定。“第二十五条　任何单位和个人不准在工作岗位上使用无检定合格印、证或者超过检定周期以及经检定不合格的计量器具。在教学示范中使用计量器具不受此限。”为什么不是选项B,因为不全面,除有检定证书,还有校准证书等形式。

13.【答案】B

【解析】仪器设备的状态标识分为合格、准用、停用3种,通常分别以绿色、黄色、红色3种颜色来表示。

14.【答案】C

【解析】见《公路水运工程试验检测机构等级标准》和《公路水运工程试验检测机构等级评定程序》(交质监发[2008]274号)。

15.【答案】C

【解析】《计量法》制定目的是保障国家计量单位制的统一和量值的准确可靠。

16.【答案】A

【解析】见《公路试验检测数据报告编制导则》(JT/T 828—2012)。

17.【答案】C

【解析】见考试用书“常用数理统计工具”相关内容。

18.【答案】A

【解析】见《检验检测机构资质认定管理办法》之《检验检测机构资质认定　标志及其使用要求》。

19.【答案】D

【解析】根据《检验检测机构资质认定管理办法》要求作出的判断。

20.【答案】C

【解析】见《公路水运工程试验检测机构等级标准》表2。这里需要注意的是首先看清楚是“属于”还是“不属于”;其次,还要区分强制性设备和非强制性设备。

21.【答案】A

【解析】见《检测和校准实验室能力的通用要求》(GB/T 27025—2008)。

22.【答案】D

【解析】见《公路水运工程试验检测人员继续教育办法(试行)》第一章第一条。注意该办法的上位文件是试验检测管理办法;另外,每个办法、规程、制度的制定一定是有依据的,这是一类问题。

23.【答案】D

【解析】见《检验检测机构资质认定　检验检测专用章使用要求》。

24.【答案】C

【解析】见考试用书表7-1。

25.【答案】A

【解析】见《检验检测机构资质认定管理办法》“文件管理”的相关要求。

26.【答案】A

【解析】见考试用书“测量误差与测量不确定度”相关内容。

27.【答案】D

【解析】见《检验检测机构资质认定评审准则》4.1.6。“为了检验检测机构为其工作开展需要,可在其内部设立专门的技术委员会。”

28.【答案】C

【解析】见《检验检测机构资质认定评审准则》4.5.2。“质量方针声明应经最高管理者授权发布,至少包括下列内容:a)最高管理者对良好职业行为和为客户提供检验检测服务质量的承诺;b)最高管理者关于服务标准的声明;c)管理体系的目的;d)要求所有与检验检测活动有关的人员熟悉质量文件,并执行相关政策和程序;e)最高管理者对遵循本准则及持续改进管理体系的承诺。”选项C应该包含在为客户提供检验检测服务质量的承诺中。

29.【答案】B

【解析】见《公路工程标准体系》、国家标准《标准化工作指南　第1部分:标准化和相关活动的通用术语》(GB/T 20000.1—2014)相关定义。

30.【答案】D

【解析】见《关于进一步加强公路水运工程工地试验室管理工作的意见》第十一条。“(四)工地试验室授权负责人信用等级被评为信用较差的,2年内不能担任工地试验室授权负责人。信用等级被评为信用很差的,5年内不能担任工地试验室授权负责人。"

31.【答案】D

【解析】需要知道压强单位的定义。

32.【答案】D

【解析】这里强调的是所有申诉、投诉的处理过程及结果归档,无论是什么方式表述的,无论是合理的和不合理。

33.【答案】C

【解析】见《检验检测机构资质认定评审准则》4.2.3。这里注意区分规定、程序、措施的概念。规定是强调预先(即在行为发生之前)和法律效力,用于法律条文中的决定;程序是指事情进行的先后次序如工作程序;措施即为方法、方式、方案、解决问题的途径。所以应选择选项C。

34.【答案】A

【解析】见《关于进一步加强公路水运工程工地试验室管理工作的意见》,注意文件对于检测数据的要求。题目中四个选项好像都对,而文件是指的客观性。"公路水运工程工地试验室是工程质量控制和评判的重要基础数据来源,是工程建设质量保证体系的重要组成部分。为进一步加强工地试验室管理,规范试验检测行为,提高试验检测数据的客观性、准确性,保证公路水运工程质量。"

35.【答案】C

【解析】见《关于进一步加强公路水运工程工地试验室管理工作的意见》第六条。"母体试验检测机构应加强对授权工地试验室的管理和指导,根据工程现场管理需要或合同约定,合理配备工地试验室试验检测人员和仪器设备,并对工地试验室试验检测结果的真实性和准确性负责。"参与到工地试验室的单位较多,包括建设单位、监理单位、施工总承包单位、检测单位、监督单位等,谁负有直接责任,应该是母体试验检测机构。

36.【答案】A

【解析】见《数值修约规则与极限数值的表示和判定》(GB/T 8170—2008)。

37.【答案】C

【解析】见《公路水运工程试验检测管理办法》第十二条、第十四条。这里需要注意的是首先看清楚是"属于"还是"不属于";其次,还要知道初审完成的工作。"第十二条　初审主要包括以下内容:(一)试验检测水平、人员及检测环境等条件是否与所申请的等级标准相符;(二)申报的试验检测项目范围及设备配备与所申请的等级是否相符;(三)采用的试验检测标准、规范和规程是否合法有效;(四)检定和校准是否按规定进行;(五)质量保证体系是否具有可操作性;(六)是否具有良好的试验检测业绩。""第十四条　现场评审是通过对申请人完成试验检测项目的实际能力、检测机构申报材料与实际状况的符合性、质量保证体系和运转等情况的全面核查。”选项 C 是现场评审内容。

38.【答案】D

【解析】见《公路水运工程试验检测管理办法》第二十二条。换证复核合格的，予以换发新的《等级证书》。不合格的，质监机构应当责令其在 6 个月内进行整改。6 个月换算为 180 天，只是表述方式不一样而已。

39.【答案】D

【解析】见《公路水运工程试验检测专业技术人员职业资格考试实施办法》第十六条和第十七条。需要分别记忆助理试验检测工程师和试验检测工程师在能力上的不同要求，还要注意题干是“不属于”。

40.【答案】D

【解析】见《中华人民共和国法定计量单位》。

二、判断题

1.【答案】正确

【解析】见《公路工程标准体系》1.3。需要正确记忆公路工程标准体系范围的概念。

2.【答案】不正确

【解析】见《中华人民共和国标准化法》第二章第七条。“国家标准、行业标准分为强制性标准和推荐性标准。”

3.【答案】不正确

【解析】见《公路水运工程试验检测信用评价办法(试行)》机构划分等级，人员实行累计扣分制，没有等级之分。审题时一定要看清楚是针对机构的还是针对人员的。

4.【答案】不正确

【解析】是由交通运输部办公厅发布的。这是一个细节问题。发布机构很多，具体到某个文件是什么机构发布的需要细致辨析，尤其是《加强……工作的意见》好像是省级主管机构发布的，实际上不是。

5.【答案】不正确

【解析】见《公路水运工程试验检测信用评价办法(试行)》第一章第二条。

6.【答案】正确

【解析】见《公路水运工程试验检测信用评价办法(试行)》附件 2。注意区分机构的失信行为扣分标准与人员的失信行为扣分标准不一样。

7.【答案】正确

【解析】见《公路水运工程试验检测管理办法》第四十二条。

8.【答案】不正确

【解析】见《公路水运工程试验检测管理办法》第十四条。初审合格的进入现场评审阶段;初审认为有需要补正的,质监机构应当通知申请人予以补正直至合格;初审不合格的,质监机构才应当及时退还申请材料,并说明理由。文件分别说明了“初审合格”“初审合格但需要补正”“初审不合格”三个层次的处理办法。

9.【答案】正确

【解析】见《公路水运工程试验检测机构换证复核细则》第四条。“申请换证复核的试验检测机构应将机构、人员等信息录入部质监局试验检测管理信息系统,并能及时维护和更新信息。”要强调的是机构、人员信息的录入是进行评审工作的前提条件,省级质监机构和现场核查专家组在进行材料审查时,都需要核查在部质监局试验检测管理信息系统里的相关信息。

10.【答案】不正确

【解析】见《公路水运工程试验检测机构换证复核细则》第十条。“属于部质监局评定的增项复核以书面审查为主。有增项的试验检测机构,在等级证书有效期满,提交换证复核申请时,同时提交增项复核申请,增项部分由省级质监机构初审合格后报部质监局。”本题考查的关键是程序问题,应该是“由省级质监机构初审合格后报部质监局”。

11.【答案】不正确

【解析】见《公路水运工程试验检测管理办法》第三十八条。检测机构依据合同承担公路水运工程试验检测业务,不得转包、违规分包。注意“违规”一词。

12.【答案】不正确

【解析】一个组织的质量管理体系只能有一个。

13.【答案】正确

【解析】见考试用书“能力验证”相关内容。

14.【答案】正确

【解析】见《中华人民共和国法定计量单位》(1984 年 2 月 27 日国务院发布)。

15.【答案】不正确

【解析】见考试用书“能力验证”相关内容。

16.【答案】正确

【解析】见《公路水运工程试验检测信用评价办法(试行)》第一章第二条。

17.【答案】正确

【解析】见《公路水运工程试验检测信用评价办法(试行)》第二章第六条。注意区分机构、人员、工地试验室授权负责人几种不同的评价方法。

18.【答案】不正确

【解析】《公路水运工程试验检测管理办法》第三条规定:部质监局负责甲级、专项类、水运工程材料类、结构类甲级;省级质监机构负责综合类乙、丙级,水运工程材料类乙、丙级和水运工程结构类乙级。

19.【答案】不正确

【解析】见《公路水运工程试验检测机构换证复核细则》第六条。有增项的试验检测机构在等级证书有效期满,提交换证复核申请时,应同时提交增项复核申请。属于部质监局核查的增项部分由省级质监机构初审合格后报部质监局,部质监局从部专家库中抽专家参加现场核查。

20.【答案】不正确

【解析】见《公路水运工程试验检测机构换证复核细则》第十三条、第十四条。“第十三条　现场核查过程中发现的相关问题,按有关规定记入试验检测机构当年信用评价。”“第十四条　试验检测机构存在伪造检测报告、试验检测数据造假、人员冒名顶替、借(租)用试验检测仪器设备等弄虚作假行为的,取消换证复核资格、注销《等级证书》,且2年内不得再次申报。”

21.【答案】不正确

【解析】见《关于进一步加强公路水运工程工地试验室管理工作的意见》第三条。“施工单位、监理单位应根据工程质量安全管理需要或合同约定,在工程现场可自行设立工地试验室,也可委托第三方试验检测机构设立工地试验室。”

22.【答案】不正确

【解析】不确定度的概念。

23.【答案】正确

【解析】见《公路水运工程试验检测专业技术人员职业资格制度规定》第四章第十九条。

24.【答案】不正确

【解析】见《公路水运工程试验检测管理办法》第三十一条。工程所在地省站应当对工地临时试验室进行管理。这里需要区分母体试验室对工地试验室负有的责任与省级质监部门的监督责任。

25.【答案】不正确

【解析】检定周期属于强制性约束的内容,而校准周期由组织根据使用计量器具的需要自行确定。

26.【答案】正确

【解析】见考试用书“仪器设备计量溯源及期间核查”相关内容。

27.【答案】正确

【解析】见《检验检测机构资质认定评审准则》4.4.7。

28.【答案】不正确

【解析】测量不确定度与测量方法有关,与具体测量得到的数值大小无关。

29.【答案】正确

【解析】申诉的定义。

30.【答案】正确

【解析】见《检验检测机构资质认定管理办法》(质检总局令第163号)的架构。

三、多项选择题

1.【答案】BD

【解析】见考试用书"测量误差与测量不确定度"相关内容。

2.【答案】AC

【解析】见考试用书"能力验证结果的统计处理和能力评价"相关内容、CNAS-GL02《能力验证结果的统计处理和能力评价指南》附件A 检测实验室间能力验证计划的结果处理方法"A.4 总计统计量"。

3.【答案】ABC

【解析】见《检验检测机构资质认定评审准则》4.3.1。

4.【答案】ABC

【解析】见考试用书中"测量设备"的定义。

5.【答案】ABCD

【解析】见考试用书"统计技术和抽样技术"相关内容。

6.【答案】ABCD

【解析】见《检验检测机构资质认定管理办法》第二章第十条"检验检测机构资质认定程序(一)~(四)"。

7.【答案】ACD

【解析】计量检定是指为评定计量器具的计量性能,确定其是否合格所进行的全部工作,包括检验和加封盖印等。它是进行量值传递的重要形式,是保证量值准确一致的重要措施。

8.【答案】AC

【解析】见考试用书"实验室管理"相关内容。作业指导书是用于检测人员在检验检测活动中具体实施操作而制定的手册。

9.【答案】ABCD

【解析】见《公路水运工程试验检测信用评价办法(试行)》。

10.【答案】ABCD

【解析】见考试用书"常用数理统计工具"相关内容。

11.【答案】ABD

【解析】见《标志及其使用要求》三。“资质认定标志的颜色建议为红色、蓝色或者黑色。”

12.【答案】ABC

【解析】见《检验检测机构资质认定评审准则》4.5。

13.【答案】ABCD

【解析】见《检验检测机构资质认定评审准则》4.5.17。要注意的是,新准则将“非标准方法和检验检测机构制定的方法”纳入了可以使用的范畴。

14.【答案】ABC

【解析】见《检验检测机构资质认定评审准则》4.4.5。选项D是可以通过检查、修复解决,但不会影响检测结果。

15.【答案】AB

【解析】《国家认监委关于印发检验检测机构资质认定配套工作程序和技术要求的通知》中,管理类的8个文件是:1)检验检测机构资质认定　公正性和保密性要求;2)检验检测机构资质认定　专业技术评价机构基本要求;3)检验检测机构资质认定　评审员管理要求;4)验检测机构资质认定　标志及其使用要求;5)验检测机构资质认定　证书及其使用要求;6)检验检测机构资质认定　检验检测专用章使用要求;7)验检检测机构资质认定　分类监管实施意见;8)检验检测机构资质认定　评审工作程序。

评审类的3个文件是:9)检验检测机构资质认定评审准则;10)检验检测机构资质认定　刑事技术机构评审补充要求;11)检验检测机构资质认定。

司法鉴定机构评审补充要求表格类的4个文件是:12)检验检测机构资质认定许可公示表;13)检验检测机构资质认定申请书;14)检验检测机构资质认定评审报告;15)检验检测机构资质认定审批表。

16.【答案】ABD

【解析】见《公路水运工程安全生产监督管理办法》第一章第一条。考生应关注制定管理办法的上位法律法规。

17.【答案】ABCD

【解析】见《检测和校准实验室能力的通用要求》(GB/T 27025)相关内容。

18.【答案】ABCD

【解析】见《产品质量仲裁检验和产品质量鉴定管理办法》(原国家质量技术监督局第4号令)。

19.【答案】BCD

【解析】见《行业标准管理办法》(1990年8月14日国家技术监督局令第11号发布)。

20.【答案】AC

【解析】见《关于进一步加强公路水运工程工地试验室管理工作的意见》。

21.【答案】BD

【解析】见《公路水运工程试验检测管理办法》(交通运输部令2016年第80号)的规定。

22.【答案】ABC

【解析】见《检验检测机构资质认定评审准则》4.3.3、4.3.4。选项A、B、C都可以达到相邻区域有效隔离效果。

23.【答案】ABC

【解析】见《检验检测机构资质认定评审准则》4.5.32。

24.【答案】AB

【解析】见考试用书“校准数据的线性回归”相关内容。

25.【答案】ABCD

【解析】见考试用书“期间核查”相关内容。

模拟试题三

一、单项选择题

1.【答案】D

【解析】见《检验检测机构资质认定评审准则》4.3.1。只有D选项是全面的。

2.【答案】C

【解析】见《检验检测机构资质认定评审准则》4.2。

3.【答案】D

【解析】见《检验检测机构资质认定管理办法》(质检总局令第163号)第一章第三条。

4.【答案】B

【解析】见《检验检测机构资质认定评审准则》4.1.1。

5.【答案】C

【解析】见《检验检测机构资质认定评审准则》4.5。

6.【答案】B

【解析】见《计量法》第五章第二十六条、第二十七条规定。“第二十六条　使用不合格的计量器具或者破坏计量器具准确度,给国家和消费者造成损失的,责令赔偿损失,没收计量器具和违法所得,可以并处罚款。”“第二十七条　制造、销售、使用以欺骗消费者为目的的计量器具的,没收计量器具和违法所得,处以罚款;情节严重的,并对个人或者单位直接责任人员按诈骗罪或者投机倒把罪追究刑事责任。”这个问题实际上具有很强的现实意义,我们日常的检验检测活动中会使用一些不合格的计量器具,比如,钢直尺等。

7.【答案】D

【解析】见《检验检测机构资质认定管理办法》对质量负责人的要求。

8.【答案】A

【解析】见《检验检测机构资质认定评审准则》4.2.2。

9.【答案】C

【解析】见《检验检测机构资质认定评审准则》4.1.3。

10.【答案】C

【解析】见《检验检测机构资质认定评审准则》4.2.4;ISO/IEC 17025 定义授权签字人是经认可,可以签发带认可标识的报告或证书的人员。

11.【答案】D

【解析】见《数值修约规则与极限数值的表示和判定》(GB/T 8170—2008)。

12.【答案】D

【解析】见《建设工程质量管理条例》(2005 年 09 月 28 日建设部令第 141 号发布,2015 年 05 月 04 日住房和城乡建设部令第 24 号修正)第二十九条、第三十一条。题干设计的目的主要是为了区分检验检测机构的违规行为和委托方的违规行为是不一样的。

13.【答案】A

【解析】掌握间隔修约的方法。

14.【答案】B

【解析】掌握《危险化学品安全管理条例》的实施时间。

15.【答案】B

【解析】见《公路水运工程试验检测管理办法》(交通运输部令 2016 年第 80 号)第四十七条。

16.【答案】C

【解析】见《公路试验检测数据报告编制导则》(JT/T 828—2012)的要求。

17.【答案】A

【解析】见《公路水运工程试验检测机构等级标准》和《公路水运工程试验检测机构等级评定程序》(交质监发[2008]274 号)。

18.【答案】C

【解析】见考试用书“检验检测机构资质认定管理”相关内容。

19.【答案】C

【解析】偏离程序的概念。

20.【答案】A

【解析】见考试用书“检验检测机构资质认定管理”相关内容。

21.【答案】D

【解析】见考试用书“常用数理统计工具”相关内容,掌握特征量的不同特性。

22.【答案】C

【解析】见《数值修约规则与极限数值的表示和判定》(GB/T 8170—2008)。

23.【答案】C

【解析】校准的结果可以给出《校准证书》或《校准报告》。检定则必须依据《检定规程》规定的量值误差范围,给出测量装置合格与不合格的判定,超出《检定规程》规定的量值误差范围为不合格;在规定的量值误差范围之内则为合格。

24.【答案】C

【解析】见《检验检测机构资质认定管理办法》第十三条。编号由11位变为12位,发证年份代码+发证机关代码+专业领域类别代码+行业主管部门代码+发证流水号。这里需要注意的是代码所代表的内容,且代表的五个内容一定要记忆准确。

25.【答案】A

【解析】见考试用书“仪器设备计量溯源及期间核查”相关内容。

26.【答案】C

【解析】见《检验检测机构资质认定评审准则》及释义4.5。题干加上选项C构成质量管理的全部活动。

27.【答案】C

【解析】若出具校准证书机构评定的测量设备示值误差的不确定度小于或等于被评定测量设备的最大允许误差的绝对值的1/3,则可不考虑示值误差的测量不确定度的影响。

28.【答案】C

【解析】期间核查的概念。了解需要进行期间核查的几种情形。检验检测机构应根据设备的稳定性和使用情况来判断设备是否需要进行期间核查,判断依据包括但不限于:a)设备检定或校准周期;b)历次检定或校准结果;c)质量控制结果;d)设备使用频率;e)设备维护情况;f)设备操作人员及环境的变化;g)设备使用范围的变化。

29.【答案】A

【解析】见《检验检测机构资质认定评审准则》及释义4.5。

30.【答案】C

【解析】见《检验检测机构资质认定评审准则》及释义4.5.18。

31.【答案】D

【解析】见《检验检测机构资质认定评审准则》及释义4.5.5。理解分包的概念和条件。选项A、B两种情形是不能分包的。

32.【答案】C

【解析】见《检验检测机构资质认定评审准则》及释义4.5.6。产品质量才是检验检测机构作为使用者应关注的内容。

33.【答案】D

【解析】合同评审是评价检验检测项目的可行性,与选项A、B、C无关。评审结果可行即可与客户签订检测委任书。

34.【答案】A

【解析】见《检验检测机构资质认定　公正性和保密性要求》十～十二。选项B、C、D不属于规定的保密范围。

十、应保密的信息包括:1)检验检测机构申请资质认定的资料及文件;2)评审或其他资质认定过程中所获取的有关信息;3)检验检测机构档案;4)特别规定的其他保密信息。

十一、在下列情况下,资质认定部门可以披露保密信息:1)得到获准资质认定的检验检测机构书面同意;2)履行法定责任。

十二、下列信息不属于保密范围:1)对外公布的关于获准资质认定状态的信息,包括获准资质认定、拒绝资质认定、暂缓资质认定、暂停或撤销资质认定、扩大或缩小资质认定范围的信息及获准资质认定的范围;2)检验检测机构获取资质认定应对外公开的信息;3)资质认定部门从其他合法渠道获得的有关检验检测机构的公开信息。

35.【答案】C

【解析】见《摆式摩擦系数测定仪》(JJG 053—2009)相关要求。

36.【答案】C

【解析】见《公路水运工程试验检测管理办法》第十九条规定。

37.【答案】D

【解析】见《公路水运工程试验检测管理办法》第二十四条,这类题目需要准确记忆时限。"检测机构名称、地址、法定代表人或者机构负责人、技术负责人等发生变更的,应当自变更之日起30日内到原发证质监机构办理变更登记手续。"

38.【答案】C

【解析】见《检验检测机构资质认定评审准则》4.5.13。

39.【答案】C

【解析】《公路水运工程试验检测人员继续教育办法(试行)》自2012年1月1日起施行。

40.【答案】B

【解析】采购服务包括供应品、试剂和消耗材料等,但不包括设备/设施的安装,这是容易误解的项目。

二、判断题

1.【答案】不正确

【解析】见考试用书“试验检测常用术语和定义”相关内容。正确度是大量测定的均值与真值的接近程度。

2.【答案】不正确

【解析】见考试用书“能力验证”相关内容和《检验检测机构资质认定管理办法》。新项目不是采用能力验证来确认的。

3.【答案】正确

【解析】扩展不确定度的定义。

4.【答案】不正确

【解析】见《检验检测机构资质认定评审准则》多场所问题。质量体系只需要覆盖到分场所,而不是建立各个分场所的质量体系。

5.【答案】正确

【解析】见考试用书“试验检测常用术语和定义”相关内容。

6.【答案】正确

【解析】见《关于公布〈公路水运工程试验检测机构等级标准〉及〈公路水运试验检测机构等级评定程序〉的通知》。

7.【答案】不正确

【解析】见《公路水运工程试验检测人员继续教育办法(试行)》。试验检测机构应督促本单位试验检测人员按要求参加继续教育,并保证试验检测人员参加继续教育的时间,提供必要的学习条件。

8.【答案】正确

【解析】见《关于进一步加强公路水运工程工地试验室管理工作的意见》的规定。

9.【答案】正确

【解析】见《公路试验检测数据报告编写导则》的规定。

10.【答案】正确

【解析】见《检验检测机构资质认定评审准则》及释义4.5.8。

11.【答案】正确

【解析】见《计量法》及《计量法实施细则》的规定。

12.【答案】不正确

【解析】见《公路水运工程试验检测管理办法》(交通运输部令2016年第80号)第二

章第六条。

13.【答案】正确

【解析】见《公路水运工程试验检测信用评价办法(试行)》《关于进一步加强公路水运工程工地试验室管理工作的意见》。

14.【答案】正确

【解析】见《检验检测机构资质认定评审准则》4.4.3。软件属于检验检测机构设备,应该纳入设备管理之中,这是新管理办法明确的问题。

15.【答案】正确

【解析】见《公路水运工程试验检测信用评价办法(试行)》附件3。注意区分机构的失信行为扣分标准与人员的失信行为扣分标准不一样。

16.【答案】不正确

【解析】《计量法》第三章第十七条规定是可以。“第十七条　个体工商户可以制造、修理简易的计量器具。制造、修理计量器具的个体工商户,必须经县级人民政府计量行政部门考核合格,发给《制造计量器具许可证》或者《修理计量器具许可证》。”

17.【答案】不正确

【解析】见《检验检测机构资质认定评审准则》4.5.1。管理体系文件应该包括作业指导书。

18.【答案】不正确

【解析】见《公路水运工程试验检测管理办法》(交通运输部令2016年第80号)第四十三条。检测人员不得同时受聘于两家以上检测机构,不得借工作之便推销建设材料、构配件和设备。

19.【答案】正确

【解析】见《检验检测机构资质认定　评审工作程序》3.4。

20.【答案】正确

【解析】见《公路水运工程试验检测信用评价办法(试行)》第十一条。注意需要区分机构、人员、工地试验室授权负责人的几种不同评价方法。

21.【答案】正确

【解析】见《公路工程标准体系》的有关术语。

22.【答案】不正确

【解析】见《公路水运工程试验检测专业技术人员职业资格考试实施办法》(人社部发[2015]59号),考试条件里没有免考条件。

23.【答案】不正确

【解析】见考试用书“仪器设备计量溯源及期间核查”及《检验检测机构资质认定管理

办法》(交通运输部令2016年第80号)相关内容。

24.【答案】正确

【解析】见考试用书“试验检测常用术语和定义”相关内容。

25.【答案】不正确

【解析】见《检验检测机构资质认定 评审工作程序》1.2。

26.【答案】不正确

【解析】见《公路水运工程试验检测管理办法》(交通运输部令2016年第80号)第二十一条。换证复核是以书面审查为主。等级评定工作分为受理、初审、现场评审3个阶段。

27.【答案】正确

【解析】见《公路工程标准体系》1.6.3。这是关于体系编号定义规则的内容。

28.【答案】正确

【解析】见《公路水运工程试验检测管理办法》(交通运输部令2016年第80号)第三十七条。“检测机构在同一公路水运工程项目标段中不得同时接受业主、监理、施工等多方的试验检测委托。”

29.【答案】正确

【解析】见《公路水运工程试验检测管理办法》(交通运输部令2016年第80号)第三条。这是需要记忆的众多概念、定义之一。这类概念需要正确、准确记忆每个文字。

30.【答案】不正确

【解析】见《公路水运工程试验检测管理办法》(交通运输部令2016年第80号)第三十一条。“工程所在地省站应当对工地临时试验室进行监督。”注意这里是工程所在地域的省级交通质量监督机构。

三、多项选择题

1.【答案】BD

【解析】见《公路水运工程试验检测管理办法》(交通运输部令2016年第80号)第二章第十二条。初审主要包括以下内容:(一)试验检测水平、人员及检测环境等条件是否与所申请的等级标准相符;(二)申报的试验检测项目范围及设备配备与所申请的等级是否相符;(三)采用的试验检测标准、规范和规程是否合法有效;(四)检定和校准是否按规定进行;(五)质量保证体系是否具有可操作性;(六)是否具有良好的试验检测业绩。选项A、C是申请时应向所在地省站提交的材料。

2.【答案】ABCD

【解析】见国家标准《标准化工作指南 第1部分:标准化和相关活动的通用词汇》

(GB/T 20000.1—2014)。

3.【答案】ACD

【解析】校准可以自校、外校或自校与外校结合。选项B不是校准的方式。

4.【答案】ABCD

【解析】见考试用书“统计技术的基础”相关内容。

5.【答案】AD

【解析】见《检验检测机构资质认定管理办法》。

6.【答案】ACD

【解析】见《公路水运工程试验检测专业技术人员职业资格制度规定》(人社部发[2015]59号)。

7.【答案】ABD

【解析】见《公路水运工程安全生产监督管理办法》。

8.【答案】BCD

【解析】见考试用书“能力验证”相关内容。

9.【答案】AC

【解析】见考试用书“仪器设备计量溯源”相关内容。

10.【答案】ACD

【解析】见考试用书“国际单位制”相关内容。

11.【答案】ABC

【解析】样品进入检验检测机构后,应该经历未检、在检、检毕三个过程。选项D不是样品状态。

12.【答案】CD

【解析】见《公路水运工程试验检测管理办法》(交通运输部令2016年第80号)。

13.【答案】AB

【解析】见考试用书“统计技术和抽样技术”相关内容。

14.【答案】ABD

【解析】见《关于公布〈公路水运工程试验检测机构等级标准〉及〈公路水运试验检测机构等级评定程序〉的通知》。

15.【答案】AD

【解析】见《检验检测机构资质认定评审准则》4.4.6。“无论什么原因,若设备脱离了检验检测机构的直接控制,应确保该设备返回后,在使用前对其功能和校准状态进行核查,并得到满意结果。”

16.【答案】BC

【解析】标准物质的定义。

17.【答案】BCD

【解析】见《检验检测机构资质认定管理办法》第十八条。“评审组在技术评审中发现有不符合要求时,应当书面通知申请人限期整改,整改期不得超过30个工作日。逾期未完成整改或者整改后仍不符合要求的,相应评审项目应当判定不合格。”

18.【答案】AB

【解析】见《中华人民共和国法定计量单位》(1984年2月27日国务院发布)。

19.【答案】BCD

【解析】见《中华人民共和国法定计量单位》(1984年2月27日国务院发布)。

20.【答案】AC

【解析】见《中华人民共和国法定计量单位》(1984年2月27日国务院发布)。

21.【答案】ACD

【解析】见《公路水运工程试验检测信用评价办法(试行)》。

22.【答案】ABCD

【解析】见考试用书“能力验证”相关内容。

23.【答案】ABC

【解析】见考试用书“能力验证结果的统计处理和能力评价”相关内容。

24.【答案】ACD

【解析】见考试用书“能力验证”相关内容。

25.【答案】ABCD

【解析】见《公路水运工程试验检测管理办法》(交通运输部令2016年第80号)和《关于公布〈公路水运工程试验检测机构等级标准〉及〈公路水运试验检测机构等级评定程序〉的通知》。

第二部分　交 通 工 程

模拟试题一

说明:1. 本模拟试题设置单选题 30 道、判断题 30 道、多选题 20 道、综合题 5 道(含 25 道小题),总计 150 分;模拟自测时间为 150 分钟。

2. 本模拟试题仅供考生进行考前自测使用。

一、单项选择题(下列各题中,只有一个备选项最符合题意,请填写最符合题意的一个备选项,选错或不选不得分。每题 1 分。)

1. 交通工程学研究的对象是人、车、路及(　　)。

A. 交通环境　B. 空气质量　C. 交通特性　D. 交通管理

2. 试验证明,温度一定时,导体的电阻与(　　)。

A. 截面面积成正比　B. 导体长度成反比

C. 电阻率成反比　D. 电阻率成正比

3. 构成现代道路平面线形的三要素是直线、圆曲线和(　　)。

A. 缓和曲线　B. 基本型曲线　C. 复合型曲线　D. S 形曲线

4. 单位立体角内发射的光通量所对应的物理量为(　　)。

A. 发光强度　B. 亮度　C. 照度　D. 光通量

5. 在计算机系统中,构成虚拟存储器(　　)。

A. 只需要一定的硬件资源便可实现

B. 只需要一定的软件即可实现

C. 既需要软件也需要硬件方可实现

D. 既不需要软件也不需要硬件

6. 盐雾试验结果的判定方法有(　　)。

A. 超声雾化法　B. 评级判定法　C. 数据统计法　D. 经验判定法

7. 我国的交通标志有红色、黄色、荧光黄色、蓝色等(　　)种颜色。

A. 8　B. 9　C. 10　D. 11

8. 标志板表面应无明显凹痕或变形,板面不平度不应大于( )。

A. 3mm/m　B. 5mm/m　C. 7mm/m　D. 9mm/m

9. 逆反射又称为( )。

A. 漫反射　B. 回归反射　C. 逆向反射　D. 镜面反射

10. 黄色Ⅰ级反光长效标线带初始逆反射亮度系数应大于( )。

A. $200mcd \cdot m^{-2} \cdot lx^{-1}$　B. $250mcd \cdot m^{-2} \cdot lx^{-1}$

C. $300mcd \cdot m^{-2} \cdot lx^{-1}$　D. $350mcd \cdot m^{-2} \cdot lx^{-1}$

11. 双组分路面标线涂料是一种( )路面标线涂料。

A. 化学反应型　B. 生物化学反应型

C. 物理反应型　D. 原子反应型

12. 粉末涂料的分散介质为( )。

A. 苯氟氨　B. 乙醇　C. 空气　D. 纯净水

13. 设置于路侧的公路护栏护栏分为( )。

A. A、B、SA、SB、SS 五级　B. B、A、SB、SA、SS 五级

C. SAm、SBm、Am 三级　D. Am、SBm、SAm 三级

14. 所有级别的公路安全护栏小车(1.5t)碰撞速度为( )。

A. 80km/h　B. 90km/h　C. 100km/h　D. 120km/h

15. 隔离栅金属网格的网孔尺寸一般不宜大于( )。

A. 100mm × 100mm　B. 120mm × 120mm

C. 150mm × 150mm　D. 180mm × 180mm

16. 隔离栅紧固件、连接件单面平均镀锌层附着量为( )。

A. $250g/m^2$　B. $350g/m^2$　C. $450g/m^2$　D. $550g/m^2$

17. 单涂层涂塑隔离栅构件宜采用( )。

A. 热塑性涂塑层　B. 溶剂性涂塑层

C. 挤压性涂塑层　D. 成模性涂塑层

18. 直线路段的遮光角不应小于( )。

A. 5°　B. 8°　C. 10°　D. 15°

19. 永久突起路标通常在重车使用环境下使用寿命大于( )。

A. 半年　B. 1 年　C. 1 年半　D. 2 年

20. 附着式圆形轮廓标其逆反射材料的圆半径 R 为( )。

A. 40mm ± 1mm　B. 45mm ± 1mm

C. 50mm ± 1mm　D. 55mm ± 1mm

21. 壁厚 5mm 的玻璃钢管道产品其壁厚允许偏差为( )。

A. +0.3mm, -0　　B. +0.4mm, -0

C. +0.5mm, -0　　D. +0.6mm, -0

22. 交通监控系统由前端设备、监控中心和(　　)三大部分组成。

A. 电视监控系统　　B. 传输设备

C. 通信系统　　D. 交通信号控制系统

23. 车辆检测器、气象检测器、可变情报板、闭路电视系统设备等外场设备的安全保护接地电阻一般要求为(　　)。

A. ≤1Ω　　B. ≤4Ω　　C. ≤10Ω　　D. ≤15Ω

24. 将模拟信号变成离散信号的环节是(　　)。

A. 采集　　B. 变换　　C. 抽样　　D. 量化

25. 基带传输是指(　　)。

A. 按照数字信号原有的波形在信道上直接传输

B. 按照数字信号的基波在信道上直接传输

C. 按照数字信号的奇次谐波在信道上直接传输

D. 按照数字信号的偶次谐波在信道上直接传输

26. 入口车道每辆小客车的平均处理时间为(　　)。

A. ≤4s　　B. ≤8s　　C. ≤10s　　D. ≤14s

27. 车道车辆检测器计数精度偏差为(　　)。

A. ≤0.1%　　B. ≤0.15%　　C. ≤0.2%　　D. ≤0.5%

28. 公路机电系统产品的电压适应性为(　　)。

A. 交流 220×(1±5%)V　　B. 交流 220×(1±10%)V

C. 交流 220×(1±15%)V　　D. 交流 220×(1±20%)V

29. 根据《公路照明技术条件》规定,沥青路面一级照明的平均照度值为(　　)。

A. 20 lx　　B. 30 lx　　C. 40 lx　　D. 50 lx

30. 隧道 C 检测器测量范围为(10~50)ppm 时,基本误差为(　　)。

A. ±1ppm　　B. ±2ppm　　C. ±3ppm　　D. ±5ppm

二、判断题(请对下列题述观点正确与否进行判断,判断准确得分,否则不得分。每题 1 分。)

1. 线形诱导标志用于引导行车方向,提示道路使用者前方线形变化,注意谨慎驾驶。

(　　)正确　　(　　)不正确

2. 工程质量检验评分采用 10 分制进行。

(　　)正确　　(　　)不正确

3. 某点在给定方向的亮度因数等于该方向的亮度与相同条件下全反射或漫反射漫射体的亮度之比。

( )正确 ( )不正确

4. 盐雾试验溶液中，盐溶液采用氯化钠(化学纯、分析纯)和蒸馏水或去离子水配制，其浓度为5% ±0.1%(体积百分比)。

( )正确 ( )不正确

5. 只有在其使用的设备、原材料、半成品、成品及施工工艺符合基本要求的规定才能对分项工程质量进行检验评定。

( )正确 ( )不正确

6. 交通安全设施每标段为一单位工程。

( )正确 ( )不正确

7. 倒等边三角形交通标志用于"减速让行"禁令标志。

( )正确 ( )不正确

8. 道路交通标志是以颜色、形状、图形等向道路使用者传递信息。

( )正确 ( )不正确

9. 微棱镜型反光膜没有光线的折射。

( )正确 ( )不正确

10. 交通标线闪现率在2.8 ~3.0 次/s 之间时效果最好。

( )正确 ( )不正确

11. 热熔型标线涂料施工时加热至180 ~220℃，其熔融涂敷于路面，3min 内冷却凝固成固体附着于路面。

( )正确 ( )不正确

12. 热固性粉末涂料其涂层附着性能一般不低于0 级。

( )正确 ( )不正确

13. 安全护栏的钢管立柱尺寸为 ϕ140mm ×4.5mm。

( )正确 ( )不正确

14. 波形梁钢护栏表面允许有不大于公称厚度10% 的轻微凹坑、凸起、压痕、擦伤。

( )正确 ( )不正确

15. 隔离栅有钢板网、焊接片网、焊接卷网、编织片网、编织卷网、刺钢丝网等类型。

( )正确 ( )不正确

16. 隔离栅的高度主要以成人高度为参考标准，一般在1.5 ~1.8m 之间。

( )正确 ( )不正确

17. 双涂层构件第一层(内层)为金属镀层，第二层(外层)的非金属涂层可为聚乙烯、聚氯乙烯等热塑性粉末涂层或聚酯等热固性粉末涂层。

(　　)正确　　　　　　　　　　(　　)不正确

18. 公路眩光按对于视觉的影响程度不同,可分为不舒适眩光和失能眩光。

(　　)正确　　　　　　　　　　(　　)不正确

19. 突起路标红色逆反射器的颜色系数为0.3。

(　　)正确　　　　　　　　　　(　　)不正确

20. 弹性柱式轮廓标柱体经不小于30次折弯后,不应出现裂缝或折断的现象,其顶部任意水平方向的残余偏斜应不大于70mm。

(　　)正确　　　　　　　　　　(　　)不正确

21. 主管道管孔试通试验可查施工验收记录或用吹气法试通。

(　　)正确　　　　　　　　　　(　　)不正确

22. 车辆检测器实测项目中,逻辑识别线路功能为模拟状态实测,一辆车作用于两个车道的两个线圈时,要求处理器逻辑正常,输出的检测信息正确。

(　　)正确　　　　　　　　　　(　　)不正确

23. 气象检测器的数据传输性能采用数据传输测试仪实测,要求为24h观察时间内失步现象不大于1次或$BER \leqslant 10^{-8}$。

(　　)正确　　　　　　　　　　(　　)不正确

24. 频分多路复用多用于模拟通信。

(　　)正确　　　　　　　　　　(　　)不正确

25. 热噪声可引起某个码元出错。

(　　)正确　　　　　　　　　　(　　)不正确

26. 收费系统一般采用三级收费管理模式,即由收费车道系统、收费站管理系统和收费中心管理系统构成。

(　　)正确　　　　　　　　　　(　　)不正确

27. 均一制收费适合于里程长、出入口少的收费道路。

(　　)正确　　　　　　　　　　(　　)不正确

28. 高速公路设备配电箱中,通常使用带漏电保护的自动开关。

(　　)正确　　　　　　　　　　(　　)不正确

29. 公路照明灯杆的布置形式一般分为单侧布置、双侧交错布置、双侧对称布置和中心对称布置四种。

(　　)正确　　　　　　　　　　(　　)不正确

30. 数据传输性能为24h观察时间内失步现象不大于1次。

(　　)正确　　　　　　　　　　(　　)不正确

三、多项选择题(在下列各题的备选答案中,有两个或两个以上的备选项符合题意,请填写符合题意的备选项,选项部分正确按比例得分,出现错误选项该题不得分,完全正确的得满分。每题 2 分。)

1. 组批原则为通常每个检验批产品应(　　)。

A. 同型号

B. 同种类(尺寸,特性、成分等)

C. 同等级

D. 生产工艺、条件和时间基本相同

2. 光的传播规律有(　　)。

A. 同种均匀介质中光源直线传播

B. 两束光在传播过程中相遇时互不干扰

C. 光传播途中遇到两种不同介质分界面时,发生反射和折射

D. 介质不吸收光能

3. 机电工程的分部工程有监控设施、通信设施、收费设施和(　　)。

A. 低压配电设施　　B. 环境检测设施

C. 照明设施　　D. 隧道机电设施

4. IP 代码是指电气设备外壳的防护能力为(　　)。

A. 防止人体接近壳内危险部件

B. 防止固体异物进入壳内设备

C. 防止漏电

D. 防止由于水进入壳内对设备造成有害影响

5. 道路交通标志的三要素为(　　)。

A. 颜色　　B. 字符　　C. 图形　　D. 形状

6. 下列(　　)道路宜选用逆反射性能好的材料。

A. 标志背景环境影响大　　B. 行驶速度快

C. 交通量大　　D. 四级及以下公路

7. 道路交通标线按标线材料,可分为溶剂型涂料标线和(　　)。

A. 热熔型涂料标线　　B. 水性涂料标线

C. 双组分涂料标线　　D. 预成形标线带标线

8. 热熔型路面标线涂料通常使用的热塑性树脂有(　　)。

A. 松香树脂　　B. C5 石油树脂

C. C9 石油树脂　　D. 氯丁树脂

9. 粉末涂料产品按固化成膜过程可分为(　　)。

A. 热塑性粉末涂料　　B. 热黏性粉末涂料

C. 热熔性粉末涂料　　D. 热固性粉末涂料

10. 设置于中央分隔带的护栏防撞级别分为(　　)。

A. Bm　　B. Am　　C. SBm　　D. SAm

11. 隔离设施按构造形式可分为(　　)。

A. 隔离栅　　B. 常青绿篱

C. 隔离墙　　D. 刺钢丝网

12. A 类突起路标分为(　　)。

A. A1 类　　B. A2 类　　C. A3 类　　D. A4 类

13. 轮廓标按形状不同可分(　　)。

A. 柱式　　B. 梯形　　C. 圆形　　D. 长方形

14. 硅芯管的环刚度值为(　　)。

A. $\phi32/26 \geqslant 50\text{kN/m}^2$　　B. $\phi40/33 \geqslant 50\text{kN/m}^2$

C. $\phi46/38 \geqslant 40\text{kN/m}^2$　　D. $\phi63/54 \geqslant 30\text{kN/m}^2$

15. 车辆检测的方法有(　　)。

A. 磁性检测　　B. 超声检测

C. 电磁波检测　　D. 热检测

16. 组建公路专用通信系统的线材有(　　)。

A. 单模光纤　　B. 无屏双绞线

C. 50Ω 同轴电缆　　D. 75Ω 同轴电缆

17. 收费系统的环形线圈车辆检测器在收费车道的主要作用是(　　)。

A. 检测车速　　B. 检测车辆通过

C. 检测车辆存在　　D. 检测占有率

18. 高速公路交通管理系统对电源系统的基本要求是(　　)。

A. 可靠　　B. 安全　　C. 稳定　　D. 高效率

19. 立交人工照明为行车安全、舒适提供一个良好的视觉环境,对立交照明的要求有(　　)。

A. 照明范围大　　B. 光学诱导性强

C. 眩光控制好　　D. 光通量大

20. 隧道照明主要组成有(　　)。

A. 入口段照明　　B. 基本段照明

C. 出口段照明　　D. 接近段减光措施

四、综合题(按所给问题的背景资料,正确分析并回答问题。每大题有5小题,每小题有四个备选项,请从中选出一个或一个以上正确答案,选项全部正确得分,出现漏选或错误选项均不得分。每小题2分。)

1. 道路交通标志产品由标志板和支撑件两部分组成,试回答下列问题。

(1)支撑件构件有(　　)。

A. 立柱　　B. 横梁　　C. 法兰盘　　D. 抱箍和紧固件

(2)标志板构件有(　　)。

A. 标志底板　　B. 板面　　C. 滑槽　　D. 铆钉

(3)标志板面和支撑件的一般检验技术参数有(　　)。

A. 外观质量和结构尺寸

B. 材料力学性能和抗冲击性能

C. 耐盐雾腐蚀性能、板耐高低温性能、耐候性能

D. 钢构件防腐层质量、标志板面与标志底板的附着性能

(4)非反光标志板面色度性能有(　　)。

A. 标志板面应采用户外耐候型涂料涂敷制作

B. 标志板面的普通材料色应符合《安全色》(GB 2893—2008)的规定

C. 色品坐标在规定的范围内

D. 亮度因数在规定的范围内

(5)反光型标志板面色度技术参数有(　　)。

A. 标志板面应粘贴符合《道路交通反光膜》(GB/T 18833—2012)要求的反光膜

B. 板面的逆反射材料色应符合《道路交通反光膜》(GB/T 18833—2012)中表面色或逆反射色的要求

C. 色品坐标在规定的范围内

D. 亮度因数在规定的范围内

2. 试回答波形梁钢护栏外金属防腐处理的相关问题。

(1)护栏的所有构件均应采用(　　)进行金属防腐处理。

A. 热浸镀锌　　B. 热浸镀铝　　C. 热浸涂塑　　D. 热浸镀铜

(2)热浸镀锌所用的锌应为(　　)。

A. 特一号锌锭　　B. 特二号锌锭　　C. 一号锌锭　　D. 二号锌锭

(3)紧固件、防阻块、托架三点法试验单面最低锌附着量为(　　)。

A. $225g/m^2$　　B. $275g/m^2$　　C. $325g/m^2$　　D. $375g/m^2$

(4)紧固件、防阻块、托架三点法试验单面平均锌附着量为(　　)。

A. $300g/m^2$　　B. $350g/m^2$　　C. $400g/m^2$　　D. $450g/m^2$

(5)波形梁板、立柱、端头三点法试验单面平均锌附着量为(　　)。

A. $500g/m^2$　　B. $600g/m^2$　　C. $700g/m^2$　　D. $800g/m^2$

3. 试回答双涂层隔离设施的相关问题。

(1)双涂层构件第一层(内层)和第二层(外层)分别为(　　)。

A. 金属镀层(内层)　　B. 聚乙烯(内层)

C. 聚氯乙烯(外层)　　D. 环氧树脂(外层)

(2)双涂层时钢管、钢板、钢带加工成型后热浸镀锌,其内外层相应规定为(　　)。

A. 平均锌层质量(单面)为 $270g/m^2$　　B. 聚乙烯层厚度 >0.25mm

C. 聚氨酯层厚度 >0.066mm　　D. 聚酯层厚度 >0.076mm

(3)双涂层时使用连续热镀锌钢板和钢带成型热浸镀锌,其内外层相应规定为(　　)。

A. 平均锌层质量(双面)为 $150g/m^2$　　B. 聚乙烯层厚度 >0.25mm

C. 聚氨酯层厚度 >0.066mm　　D. 聚酯层厚度 >0.076mm

(4)双涂层时 $2.0mm < \phi \leq 3.0mm$ 钢丝,其内外层相应规定为(　　)。

A. 平均锌层质量(双面)为 $45g/m^2$　　B. 聚乙烯层厚度 >0.15mm

C. 聚氨酯层厚度 >0.066mm　　D. 聚酯层厚度 >0.076mm

(5)双涂层时 $4.0mm < \phi \leq 5.0mm$ 钢丝,其内外层相应规定为(　　)。

A. 平均锌层质量(双面)为 $70g/m^2$　　B. 聚乙烯层厚度 >0.15mm

C. 聚乙烯层厚度 >0.25mm　　D. 聚酯层厚度 >0.076mm

4. 试回答环形线圈车辆检测器的相关问题。

(1)环形线圈车辆检测器(　　)。

A. 是我国监控系统中应用得较早的一种车辆检测器

B. 是我国监控系统中应用得较少的一种车辆检测器

C. 它利用车辆通过或静止在感应线圈时,感应线圈电感量降低而感知车辆

D. 它利用车辆通过或静止在感应线圈时,感应线圈电感量增加而感知车辆

(2)环形线圈车辆检测器主要由(　　)组成。

A. 环形线圈　　B. 调谐回路　　C. 恒流源　　D. 相位比较器

(3)其工作原理为(　　)。

A. 环形线圈通电流在线圈周围产生电磁场

B. 车辆铁构件进入线圈磁场范围产生自闭合回路的感应电涡流

C. 感应电涡流产生与原磁场方向相反的新磁场

D. 新磁场导致线圈总电感增大

(4)环形线圈车辆检测器的输出形式有(　　)。

A. 数字　　B. 模拟　　C. 频率　　D. 相位

(5)综合型环形线圈车辆检测器的检测功能有(　　)。

A. 车辆测速　　B. 车辆计数　　C. 计算车长　　D. 识别车型

5. 试回答出口车道的实测项目的相关问题。

(1)电气安全方面的关键实测项目为(　　)。

A. 设备强电端子对机壳绝缘电阻(≥50MΩ)

B. 车道控制器安全接地电阻(≤4Ω)

C. 电动栏杆机安全接地电阻(≤4Ω)

D. 收费亭防雷接地电阻(≤10Ω)

(2)有关信号灯的实测项目为(　　)。

A. 收费天棚信号灯的色度和亮度

B. 收费车道内通行信号灯的色度和亮度

C. 车道信号灯动作响应

D. 手动栏杆与天棚信号灯的互锁功能

(3)有关电动栏杆和车道参数的实测项目和测试方法为(　　)。

A. 电动栏杆起落总时间(≤4.0s),采用秒表测 10 次,取平均值

B. △电动栏杆动作响应(按规定流程动作,具有防砸车和水平回转功能),实际操作

C. △车道车辆检测器计数精度偏差(≤0.1%),人工记数核对,要大于 1000 辆

D. 环形线圈电感量(符合设计要求),用电感测量仪器实测

(4)收费设备的实测项目为(　　)。

A. 读写卡设备响应时间及对异常卡的处理

B. 专用键盘

C. △费额显示器

D. △收据打印机

(5)收费站通信网络的实测项目有(　　)。

A. △断网测试(断开车道控制器与光纤的连接)

B. △断电数据完整性测试

C. △断网测试(断开车道控制器/车道计算机与收费站的通信链路)

D. △误码测试

模拟试题二

说明:1. 本模拟试题设置单选题 30 道、判断题 30 道、多选题 20 道、综合题 5 道(含 25 道小题),总计 150 分;模拟自测时间为 150 分钟。

2. 本模拟试题仅供考生进行考前自测使用。

一、单项选择题(下列各题中,只有一个备选项最符合题意,请填写最符合题意的一个备选项,选错或不选不得分。每题 1 分。)

1.《公路工程质量检验评定标准　第一册　土建工程》(JTG F80/1—2004)适用于公路新建、改建工程质量检验评定的公路级别为(　　)。

A. 一级及一级以上　　B. 二级及二级以上

C. 三级及三级以上　　D. 四级及四级以上

2. 两个相同阻值的电阻 R,并联接到电压为 220V 的电源上,则流过电阻 R 的电流为(　　)。

A. 220/2　　B. $220/2R$　　C. $220/R$　　D. $220\times2/R$

3. 系统软件主要包括操作系统、语言处理程序和(　　)。

A. 用户程序　　B. 实时程序　　C. 实用程序　　D. 编辑程序

4. 下列图中要采用电压表测量灯 L 两端的电压,正确的接法是(　　)。

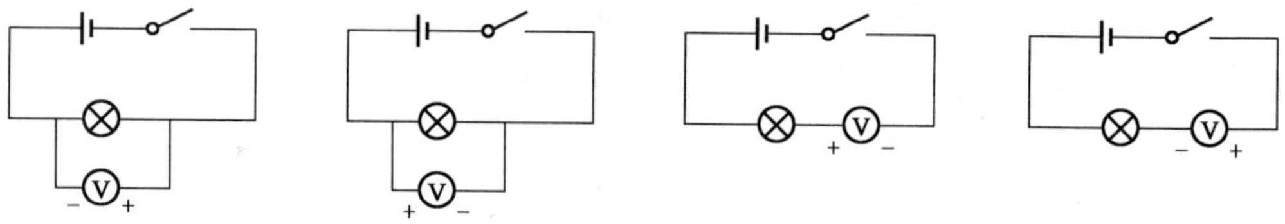

A　　B　　C　　D

5. 各类防雷建筑物,应具有的防雷功能是防止(　　)。

A. 雷电波、雷电波　　B. 感应雷、直击雷

C. 直击雷、防闪电电涌侵入　　D. 感应雷、直击雷、雷电

6. 人工模拟盐雾试验包括中性盐雾试验、醋酸盐雾试验、铜盐加速醋酸盐雾试验和(　　)。

A. 高温湿热试验　　B. 静电效应试验

C. 酸性盐雾试验　　D. 交变盐雾试验

7. 正等边三角形交通标志用于(　　)。

A. 禁令标志　　B. 部分警告标志

C. 警告标志　　D. 指示标志

8. 单一热浸镀锌处理时,标志底板、立柱、横梁等大型构件的镀锌量不低于(　　)。

A. $350g/m^2$　　B. $500g/m^2$　　C. $600g/m^2$　　D. $800g/m^2$

9. 微棱镜型逆反射中每个单元有(　　)。

A. 二个相互垂直的反射面　　B. 三个相互垂直的反射面

C. 四个相互垂直的反射面　　D. 四个面间的夹角均为 60°

10. 道路交通标线按功能可分为(　　)。

A. 二类　　B. 三类　　C. 四类　　D. 五类

11. 热熔型路面标线涂料在常温下呈(　　)。

A. 固体粉末状态　　B. 固体颗粒状态

C. 固态块状　　D. 液体状态

12. 热固性粉末涂料在固化剂存在下经一定温度的烘烤会产生(　　)。

A. 交联反应固化　　B. 串联反应固化

C. 并联反应固化　　D. 非交联反应固化

13. 公路安全护栏是一种(　　)。

A. 横向吸能结构　　B. 纵向吸能结构

C. 剪切吸能结构　　D. 转矩吸能结构

14. SS 级公路安全护栏重车(18t)的碰撞速度为(　　)。

A. 80km/h　　B. 90km/h　　C. 100km/h　　D. 120km/h

15. 桥梁护网的金属网其规格不宜大于(　　)。

A. 30mm × 50mm　　B. 50mm × 50mm

C. 50mm × 100mm　　D. 100mm × 100mm

16. $2.0mm < \phi \leq 2.2mm$ 隔离栅钢丝Ⅱ级单面平均镀锌层附着量为(　　)。

A. $110g/m^2$　　B. $230g/m^2$　　C. $290g/m^2$　　D. $350g/m^2$

17. 钢管、钢板、钢带、紧固件、连接件涂塑层(聚乙烯、聚氯乙烯)厚度为(　　)。

A. 0.25mm　　B. 0.38mm　　C. 0.50mm　　D. 0.63mm

18. 平曲线路段及竖曲线路段的遮光角应为(　　)。

A. 5° ~ 10°　　B. 6° ~ 12°　　C. 8° ~ 15°　　D. 10° ~ 20°

19. 对于突起路标面向行车方向的坡度,A2 类突起路标应不大于(　　)。

A. 15°　　B. 30°　　C. 45°　　D. 65°

20. 普通柱式轮廓标的柱体表面平面度不应大于(　　)。

A. 1mm/m　　B. 1.5mm/m　　C. 2mm/m　　D. 3mm/m

21. 长度为4000mm的玻璃钢管道产品,其长度允许偏差为(　　)。

A. +5mm, -0　　B. +10mm, -0　　C. +15mm, -0　　D. +20mm, -0

22. 当交通检测设备中的环形线圈置于钢筋混凝土上时,线圈至钢筋至少为(　　)。

A. 50mm　　B. 55mm　　C. 60mm　　D. 65mm

23. 车辆检测器产品外观及安装质量检测和主要技术指标检测中,任一项不符合要求时,该项扣分为(　　)。

A. 0.1~1分　　B. 0.2~1分　　C. 0.1~1.5分　　D. 0.2~1.5分

24. 对信号进行编码的是(　　)。

A. 发信机　　B. 收信机　　C. 信源　　D. 信元

25. 8位量化等级为(　　)。

A. 64　　B. 128　　C. 256　　D. 512

26. 电动栏杆强电端子对机壳绝缘电阻为(　　)。

A. ≥30MΩ　　B. ≥50MΩ　　C. ≥60MΩ　　D. ≥80MΩ

27. 电动栏杆起落总时间规定为≤4.0s,实测方法为(　　)。

A. 秒表测10次,取平均值　　B. 秒表测20次,取平均值

C. 秒表测50次,取平均值　　D. 秒表测100次,取平均值

28. 发电机组控制柜绝缘电阻要求(　　)。

A. ≥2MΩ　　B. ≥10MΩ　　C. ≥50MΩ　　D. ≥100MΩ

29. 道路照明灯具的防护等级宜不低于(　　)。

A. IP55　　B. IP65　　C. IP67　　D. IP57

30. 隧道环境检测项目主要有CO检测、能见度检测和(　　)。

A. 气象检测　　B. 车辆检测

C. 风机运转噪声检测　　D. 风向、风速检测

二、判断题(请对下列题述观点正确与否进行判断,判断准确得分,否则不得分。每题1分。)

1. 桥梁的三个主要组成部分是:上部结构、桥跨结构和附属结构。

(　　)正确　　(　　)不正确

2. 评定为不合格的分项工程返工后,重新评分值时按其复评分值的90%计算。

(　　)正确　　(　　)不正确

3. 软件动态测试是指通过运行软件来检验软件的动态行为和运行结果的正确性。

(　　)正确　　(　　)不正确

4. 机电工程实测关键项目合格率不得低于 90%。

( )正确　　　　　　　　　　( )不正确

5. 车载设备做振动试验其频率上限为 500Hz。

( )正确　　　　　　　　　　( )不正确

6. 评价材料的老化主要通过户外曝晒和人工加速老化这两种方法。

( )正确　　　　　　　　　　( )不正确

7. 八角形交通标志用于“停车让行”禁令标志。

( )正确　　　　　　　　　　( )不正确

8. 标志板抗冲击性能的试样尺寸为 150mm × 150mm。

( )正确　　　　　　　　　　( )不正确

9. 微棱镜型反光膜所有光线都从微棱镜的三个面反射出去。

( )正确　　　　　　　　　　( )不正确

10. 长效标线带的抗滑性能分为 A 级、B 级，A 级抗滑值至少为 45BPN。

( )正确　　　　　　　　　　( )不正确

11. 常温溶剂型路面标线涂料干膜厚度一般为 0.3 ~ 0.4mm。

( )正确　　　　　　　　　　( )不正确

12. 涂层力学试验用万能材料试验机的等级不低于 0.5 级。

( )正确　　　　　　　　　　( )不正确

13. 两波型梁钢护栏和三波型梁钢护栏对应的产品标准分别是 GB/T 31439.1—2015 和 GB/T 31439.2—2015。

( )正确　　　　　　　　　　( )不正确

14. 护栏的所有构件均应进行金属防腐处理，一般宜采用热浸镀锌方法。

( )正确　　　　　　　　　　( )不正确

15. 加强型刺钢丝网的股线及刺线应采用高强度低合金钢丝，其抗拉强度应不低于 600 ~ 800MPa。

( )正确　　　　　　　　　　( )不正确

16. 焊接网中，片网的焊点脱落数应小于焊点总数的 5%。

( )正确　　　　　　　　　　( )不正确

17. 双涂层时使用连续热镀锌钢板平均双面锌层质量为 $150g/m^2$。

( )正确　　　　　　　　　　( )不正确

18. 防眩设施设置在道路右侧。

( )正确　　　　　　　　　　( )不正确

19. A2 类突起路标由工程塑料或金属等材料基体和定向透镜逆反射器组成。

(　　)正确　　　　(　　)不正确

20. 附着式轮廓标在安装中应使逆反射材料表面与道路行车方向保持平行。

(　　)正确　　　　(　　)不正确

21. 玻璃纤维增强塑料管箱的冲击强度能量密度≥80kJ/m^2。

(　　)正确　　　　(　　)不正确

22. 车辆检测器的绝缘电阻采用接地电阻测试仪测试。

(　　)正确　　　　(　　)不正确

23. 气象检测器实测项目温度误差为±1℃。

(　　)正确　　　　(　　)不正确

24. 数据电路就是数据链路。

(　　)正确　　　　(　　)不正确

25. 终端设备是通信网中的终点。

(　　)正确　　　　(　　)不正确

26. 根据收费制式不同,收费介质分为均一式和开放式收费系统介质两种。

(　　)正确　　　　(　　)不正确

27. 动态称重系统是对运动中的车辆进行称重,按称重车辆的速度可分为高速(120km/h)、中速(50km/h 以下)和低速(15km/h 以下)3 类。

(　　)正确　　　　(　　)不正确

28. 隔离开关的主要作用是断开负荷电路。

(　　)正确　　　　(　　)不正确

29. 影响人眼睛对眩光感觉强弱的因素是光源的强度。

(　　)正确　　　　(　　)不正确

30. 隧道射流风机的轴线应垂直于隧道的轴线。

(　　)正确　　　　(　　)不正确

三、多项选择题(在下列各题的备选答案中,有两个或两个以上的备选项符合题意,请填写符合题意的备选项,选项部分正确按比例得分,出现错误选项该题不得分,完全正确的得满分。每题 2 分。)

1. 验收型检验使用标准为(　　)。

A.《计数抽样检验程序　按极限质量 LQ 检索的孤立批检验》(GB/T 15239　1994)

B.《计数抽样检验程序　第 1 部分:按接收质量限(AQL)检索的逐批检验抽样计划》(GB/T 2828.1—2008)

C.《计数抽样检验程序　第 1 部分:按接收质量限(AQL)检索的逐批检验抽样计划》

(GB/T 2828.1—2012)

D.《计数抽样检验程序 第2部分:按极限质量水平(LQ)检索的孤立批检验抽样方案》(GB/T 2828.2—2008)

2. 当光入射到实际的材料表面时,会产生(　　)。

A. 漫反射　　B. 镜面反射　　C. 临界反射　　D. 逆反射

3. 分项工程质量检验内容包括(　　)。

A. 基本要求　　B. 实测项目

C. 外观鉴定　　D. 质量保证资料基本要求

4. IP 防水等级和防尘等级分为(　　)。

A. IPX1 ~ IPX8　　B. IP1X ~ IP6X

C. IPX1 ~ IPX6　　D. IP1X ~ IP8X

5. 道路交通标志的图形符号中含(　　)。

A. 中文　　B. 符号　　C. 图案　　D. 外文

6. 镜面反射是在光线入射时(　　)。

A. 光线在物体表面反射角和入射角相同

B. 光线在物体表面反射角和入射角相反

C. 反射光与入射光位于反射面法线两侧

D. 反射光线与入射光线位于反射面法线上

7. 标线产品种类有(　　)。

A. 路面标线涂料　　B. 突起型标线带

C. 道路预成形标线带　　D. 彩色路面防滑涂料

8. 液态的路面标线涂料有(　　)路面标线涂料。

A. 溶剂型　　B. 热熔型　　C. 水性　　D. 双组分

9. 用作热塑性粉末涂料的合成树脂主要有(　　)。

A. 聚氯乙烯、聚乙烯　　B. 聚丙烯、聚酰胺

C. 聚碳酸酯、聚苯乙烯　　D. 含氟树脂、热塑性聚酯

10. 设置于路侧的 SS 级护栏碰撞条件(重车)为(　　)。

A. 碰撞速度 80km/h　　B. 车辆质量 18t

C. 碰撞角度 20°　　D. 碰撞能量 520kJ

11. 隔离栅立柱(含斜撑和门柱)产品可分为(　　)。

A. 直焊缝焊接钢管立柱

B. 冷弯等边槽钢和冷弯内卷边槽钢立柱

C. 方管和矩形管立柱

D. 燕尾立柱和混凝土立柱

12. 突起路标按基体材料可分为(　　)。

A. 塑料　B. 钢化玻璃　C. 金属　D. 橡胶

13. 轮廓标按颜色可分为(　　)。

A. 白色　B. 黄色　C. 红色　D. 绿色

14. 通信管道的试验可分为(　　)。

A. 物理材料试验　B. 化学试验

C. 耐候性能试验　D. 人工老化试验

15. 视频车辆检测器所利用的技术主要为(　　)。

A. 视频技术　B. 计算机精密算法

C. 视频应用软件　D. 拓扑技术

16. 按拓扑结构划分,通信网可分为(　　)。

A. 星形网　B. 环形网　C. 总线网　D. 树形网

17. 入口车道设备实测项目包括(　　)。

A. 天棚信号灯　B. 收费金额显示

C. 环形线圈电感量　D. 自动栏杆

18. 公路沿线用电设施的特点为(　　)。

A. 容量不大　B. 距供电点较远

C. 用电点分散　D. 绝大部分为单相

19. 照明系统的亮度、照度、眩光都与其有关的参数为(　　)。

A. 光通量　B. 发光强度

C. 诱导性　D. 均匀度

20. 隧道通风量的计算应考虑(　　)。

A. CO 浓度　B. 烟雾浓度

C. 行人呼吸量　D. 车流量

四、综合题(按所给问题的背景资料,正确分析并回答问题。每大题有 5 小题,每小题有四个备选项,请从中选出一个或一个以上正确答案,选项全部正确得分,出现漏选或错误选项均不得分。每小题 2 分。)

1. 试回答反光膜一般要求中的相关问题。

(1)反光膜通常应(　　)。

A. 成卷形式供货

B. 均匀、平整、紧密地缠绕于刚性圆芯

C. 不应有变形、缺损、边缘不齐

D. 不应有夹杂无关材料等缺陷

(2)每卷反光膜长度一般不应少于(　　)。

A. 35.72m　　B. 40.72m　　C. 45.72m　　D. 55.72m

(3)整卷反光膜宽度方向不能拼接,长度方向的接头不应超过(　　)。

A. 1 处　　B. 3 处　　C. 5 处　　D. 7 处

(4)整卷反光膜长度方向的拼接还应注意(　　)。

A. 每拼接一处应留出 0.5m 反光膜的富余量

B. 每拼接一处应留出 1m 反光膜的富余量

C. 每段反光膜的连续长度不应小于 10m

D. 每段反光膜的连续长度不应小于 15m

(5)反光膜的其他一般要求有(　　)。

A. 反光膜应具有颜色的可印刷性能

B. 常温环境下可对反光膜进行各种颜色的印刷

C. 其他颜色的反光膜可通过电刻膜将彩色透明面膜贴覆在白色反光膜上

D. 白色反光膜不宜进行各种颜色的印刷

2. 试回答三波形梁板材料要求的相关问题。

(1)三波形梁板、立柱、防阻块、托架、端头、三波形梁垫板、过渡板等所用基底金属材质为(　　)。

A. 碳素结构钢　　B. 特殊合金结构钢

C. 优质碳素结构钢　　D. 合金结构钢

(2)三波形梁板等所用材质的力学化学指标(　　)。

A. 应不低于规定的 Q235 牌号钢的要求

B. 应不低于规定的 Q335 牌号钢的要求

C. 符合《碳素结构钢》(GB 700—2006)的要求

D. 符合《碳素结构钢》(GB/T 700—2006)的要求

(3)连接螺栓、螺母、垫圈等所用基底金属材质为(　　)。

A. 碳素结构钢　　B. 低合金高强度结构钢

C. 优质碳素结构钢　　D. 合金结构钢

(4)连接螺栓、螺母、垫圈等所用基底金属材质为(　　)。

A. 碳素结构钢　　B. 其机械性能等级应为规定的 4.6 级

C. 其抗拉强度不小于 400MPa　　D. 其屈服强度不小于 200MPa

(5)高强度拼接螺栓连接副应选用(　　)。

A. 碳素结构钢　　B. 特殊合金结构钢

C. 优质碳素结构钢　　D. 合金结构钢

3. 试回答突起路标检验项目的相关问题。

(1)突起路标所有检验项目为(　　)。

A. 外观质量、结构尺寸、色度性能、逆反射性能

B. 整体抗冲击性能、逆反射器抗冲击性能、抗压荷载、纵向弯曲强度

C. 耐磨损性能、耐温度循环性能、碎裂后状态、金属反射膜附着性能

D. 耐盐雾腐蚀性能、耐候性能、标识和包装

(2)突起路标出厂检验必检项目为(　　)。

A. 外观质量、结构尺寸

B. 逆反射性能、抗压荷载

C. 碎裂后状态

D. 标识和包装

(3)突起路标出厂检验不检项目为(　　)。

A. 色度性能　　B. 耐候性能

C. 标识和包装　　D. 耐磨损性能

(4)突起路标出厂检验选检项目为(　　)。

A. 色度性能、整体抗冲击性能

B. 逆反射器抗冲击性能、纵向弯曲强度

C. 耐磨损性能、耐温度循环性能

D. 金属反射膜附着性能、耐盐雾腐蚀性能

(5)A3 类突起路标才做的检验项目为(　　)。

A. 碎裂后状态

B. 纵向弯曲强度

C. 耐磨损性能

D. 金属反射膜附着性能

4. 试回答环形线圈车辆检测器的相关问题。

(1)环形线圈车辆检测器按检测类别可分为(　　)。

A. 基本型　　B. 综合型　　C. 积分型　　D. 微分型

(2)环形线圈车辆检测器按使用环境温度条件可分为(　　)。

A. A 型:−20 ~ 45℃　　B. B 型:−40 ~ 50℃

C. C 型:−55 ~ 45℃　　D. D 型:−65 ~ 30℃

(3)环形线圈车辆检测器测速的输出信号为(　　)。

A. 频率输出信号　　B. 数字输出信号

C. 模拟输出信号　　D. 相位输出信号

(4)环形线圈车辆检测器中的相位比较器输出信号为(　　)。

A. 正弦信号　　B. 脉冲信号

C. 调制信号　　D. 调频信号

(5)环形线圈车辆检测器可通过以太网接口和中心通信,能支持的多种网络协议有(　　)。

A. TCP 协议　　B. HTTP 协议

C. UDP 协议　　D. FTP 协议

5. 试回答公路光纤数字传输系统工程安装质量及检验评定标准相关问题。

(1)检验评定的基本要求为(　　)。

A. 光纤数字传输系统通信机房应整洁,通风、照明良好

B. 光纤数字传输系统所有设备(包括机架、槽道、列柜及成端用光电缆)的配置、数量、型号规格符合设计要求,部件完整

C. 通信机房的防雷、水暖、供电、通信电源、空调通风、照明等辅助设施安装调试完毕并通过相关专业的验收

D. 光纤数字传输系统所有设备安装调试完毕,系统处于正常运转工作状态

(2)资料验收包括(　　)。

A. 隐蔽工程验收记录

B. 分项工程自检记录

C. 设备及系统联调记录

D. 有效的设备检验合格报告或证书

(3)资料不全时减分情况有(　　)。

A. 分项工程的施工资料和图表残缺,缺乏最基本的数据,不予检验与评定

B. 分项工程的施工资料和图表残缺或有伪造涂改者,不予检验与评定

C. 资料不全者应予减分,视情况每款减 1 ~ 3 分

D. 资料不全者应予减分,视情况每款减 0.5 ~ 1 分

(4)外观鉴定条款有(　　)。

A. 槽道、机架(包括子架、DDF、ODF)及设备布局合理、安装稳固;机架横竖端正、排列整齐;拼装螺丝紧固、余留长度一致

B. 设备安装后表面光泽一致、无划伤、无刻痕、无剥落、无锈蚀;部件标识正确、清楚

C. 电缆及光纤连接线路由和位置正确、布放整齐符合施工工艺要求

D. 光纤连接线在槽道内保护措施得当;分线正确、编扎排列整洁、工艺符合要求;在光

配线架上路由走向正确、标识清楚、布放工艺符合要求

(5)外观鉴定条款还有(   )。

A.数字配线架上跳线的规格程式符合要求、路由走向正确、标识清楚、布放工艺符合规范要求

B.同轴电缆的成端余留长度统一、芯线焊接及端头处理得当、符合工艺要求

C.数字配线架、光配线架内布线整齐、美观;绑扎牢固、成端符合规范要求

D.编号标识清楚;设备连接用连接线、跳线(纤)符合设计要求,长度规整统一、标识清楚

模拟试题三

说明：1. 本模拟试题设置单选题30道、判断题30道、多选题20道、综合题5道（含25道小题），总计150分；模拟自测时间为150分钟。

2. 本模拟试题仅供考生进行考前自测使用。

一、单项选择题（下列各题中，只有一个备选项最符合题意，请填写最符合题意的一个备选项，选错或不选不得分。每题1分。）

1.《中华人民共和国道路交通安全法》的施行时间为（　　）。

A. 2014.01.01　　B. 2008.01.01　　C. 2004.05.01　　D. 2004.01.01

2. 颁布标准的目的是（　　）。

A. 获得最佳秩序　　B. 获得最佳经济效益

C. 获得最佳社会效益　　D. 选项B和C

3. 下列装置中，不属于避雷装置的组成部分的是（　　）。

A. 接闪器　　B. 接地体　　C. 引下线　　D. 开关

4. 软件可用下列公式表示（　　）。

A. 软件 = 程序 + 数字 + 文档　　B. 软件 = 程序 + 数据 + 文档

C. 软件 = 程序 + 数值 + 文档　　D. 软件 = 程序 + 算法 + 文档

5. 采用钳形电流表测量电动机负载电流时，若单根相线电流值为 I_N，同时钳入三相导线，其测量的结果是（　　）。

A. $3I_N$　　B. I_N　　C. 0　　D. $2I_N$

6. 高速公路机电工程的分部工程有（　　）分部工程。

A. 4个　　B. 5个　　C. 6个　　D. 7个

7. 道路交通标志的标志板及支撑件的形状、尺寸应符合（　　）的要求。

A.《道路交通标志和标线》（GB 5768—2009）

B.《道路交通标志和标线　第1部分：道路交通标志》（GB 5768.1—2009）

C.《道路交通标志和标线　第2部分：道路交通标志》（GB 5768.2—2009）

D.《道路交通标志和标线　第3部分：道路交通标志》（GB 5768.3—2009）

8. 交通安全设施测试的环境条件为（　　）。

A. 温度23℃ ±2℃、相对湿度50% ±10%

B. 温度 24℃ ±2℃、相对湿度 55% ±10%

C. 温度 25℃ ±2℃、相对湿度 60% ±10%

D. 温度 25℃ ±2℃、相对湿度 65% ±10%

9. 逆反射系数的单位为(　　)。

A. $cd \cdot lx^{-1} \cdot m^{-2}$　　B. $cd \cdot lm^{-1}/m^{-2}$

C. $cd \cdot lm^{-2}/m^{2}$　　D. $cd \cdot lx^{-2}/m^{-2}$

10. 道路交通标线按设置方式可分为(　　)。

A. 二类　　B. 三类　　C. 四类　　D. 五类

11. 下列路面标线涂料属于固态路面标线涂料的是(　　)。

A. 溶剂型　　B. 热熔型　　C. 水性　　D. 双组分

12. 热固性粉末涂料成膜固化过程是(　　)。

A. 合成树脂在固化剂作用下经烘烤成为不能熔融的质地坚硬的最终产物

B. 过程可以反复进行多次

C. 该过程可逆

D. 粉体成膜过程无交联反应发生

13. 刚性护栏、半刚性护栏和柔性护栏的划分依据是(　　)。

A. 碰撞后的变形程度

B. 纵向受力情况

C. 横向受力情况

D. 转矩受力情况

14. 所有级别的公路安全护栏的碰撞最大加速度为(　　)。

A. $\leqslant 100m/s^2$　　B. $\leqslant 150m/s^2$

C. $\leqslant 200m/s^2$　　D. $\leqslant 250m/s^2$

15. 桥梁护网应做防雷接地处理,其接地电阻应小于(　　)。

A. 1Ω　　B. 3Ω　　C. 5Ω　　D. 10Ω

16. $4.0mm < \phi \leqslant 7.5mm$ 隔离栅钢丝Ⅱ级单面平均镀锌层附着量为(　　)。

A. $110g/m^2$　　B. $230g/m^2$

C. $290g/m^2$　　D. $350g/m^2$

17. $4.0mm < \phi \leqslant 5.0mm$ 钢丝的涂塑层(聚乙烯、聚氯乙烯)厚度为(　　)。

A. 0.25mm　　B. 0.38mm　　C. 0.50mm　　D. 0.63mm

18. 防眩板的高度 H 为(　　)。

A. 500 ~ 700mm　　B. 600 ~ 800mm　　C. 700 ~ 1000mm　　D. 800 ~ 1200mm

19. 临时突起路标通常在重车使用环境下使用寿命大于(　　)。

A. 3 个月　B. 4 个月　C. 6 个月　D. 9 个月

20. 柱体上部黑色标记的中间应镶嵌的矩形逆反射材料尺寸为(　　)。

A. 130mm × 30mm　B. 150mm × 30mm

C. 180mm × 40mm　D. 200mm × 40mm

21. 玻璃纤维增强塑料产品氧指数阻燃 1 级要求阻燃性能(　　)。

A. ≥14%　B. ≥20%

C. ≥26%　D. ≥32%

22. 环形线圈车辆检测器的测速误差为(　　)。

A. ±(1～2)%　B. ±2%　C. ±3%　D. ±5%

23. 检测车辆检测器数据传输性能的仪器采用(　　)。

A. 数据传输测试仪　B. 频谱仪

C. 场强仪　D. 信号发生器

24. 对信号进行传输的是(　　)。

A. 信元　B. 信道

C. 信宿　D. 信源

25. 对频率上限为 f_{max} 的模拟信号取样时，要求取样频率为(　　)。

A. $1.2f_{max}$　B. $1.5f_{max}$　C. $2f_{max}$　D. f_{max}

26. 收费电动栏杆臂应贴敷的反光膜为(　　)。

A. 红白相间　B. 黄黑相间

C. 蓝白相间　D. 红黄相间

27. 在检测过程中发现，自动栏杆线圈能检测到车辆通过，但是栏杆没有落下，可能存在的问题是(　　)。

A. 自动栏杆控制电平过低

B. 自动栏杆控制信号不能反馈

C. 栏杆没有加电

D. 栏杆自动锁定

28. 电力系统公共连接点正常电压不平衡度为 2%，短时不超过(　　)。

A. 2.5%　B. 3%　C. 4%　D. 5%

29. 公路一级照明时，其路面亮度纵向均匀度 U_1 为(　　)。

A. 0.4　B. 0.5　C. 0.6　D. 0.7

30. 隧道机电分部工程包含的分项工程有(　　)。

A. 10 个　B. 11 个　C. 12 个　D. 14 个

二、判断题(请对下列题述观点正确与否进行判断,判断准确得分,否则不得分。每题1分。)

1. 工程质量检验评分采用10分制进行。

( )正确 ( )不正确

2. 软件通常被分成应用软件和高级软件两大类。

( )正确 ( )不正确

3. 机电工程分项工程各项实测检查项目的权值均为1。

( )正确 ( )不正确

4. 机电工程外观质量的评定,采用的是缺陷扣分的方法。

( )正确 ( )不正确

5. 冲击试验常用半正弦形脉冲、梯形脉冲、后峰锯齿形脉冲,后峰锯齿形脉冲具有更均匀的响应谱。

( )正确 ( )不正确

6. 人工加速老化试验所用的仪器设备有人工加速老化试验箱、黑板温度计、拉力机、冰箱和恒温玻璃水槽。

( )正确 ( )不正确

7. 交通标志的抱箍、紧固件等小型构件,其镀锌量不低于350g/m^2。

( )正确 ( )不正确

8. 方形用于指路标志,部分警告、禁令和指示标志,旅游区标志,辅助标志等。

( )正确 ( )不正确

9. Ⅵ类反光膜通常为微棱镜型结构,有金属镀层,使用寿命一般为10年。

( )正确 ( )不正确

10. 长效标线带根据其初始逆反射亮度系数的大小,可分为Ⅰ级反光和Ⅱ级反光。

( )正确 ( )不正确

11. 液态标线涂料有溶剂型标线涂料、水性标线涂料、双组分标线涂料。

( )正确 ( )不正确

12. 涂层耐盐雾试验用试验箱要求80cm^{2}的接收面上盐雾沉降量为1~2mL/h。

( )正确 ( )不正确

13. 波形梁板的防腐层附着性试验为出厂检验的选检项目。

( )正确 ( )不正确

14. 安装于曲线半径小于70m路段的钢护栏,其波形梁板应根据曲线半径的大小加工成相应的弧线形。

( )正确 ( )不正确

15. 桥梁护网采用的金属网形式与隔离栅相同，其网孔规格不宜大于50mm×100mm。

( )正确 ( )不正确

16. 桥梁护网应做防雷接地处理，接地电阻应小于4Ω。

( )正确 ( )不正确

17. 双涂层时$\phi \leqslant 2.0$mm钢丝涂塑层(外层，聚酯)厚度大于0.076mm。

( )正确 ( )不正确

18. 防眩设施应按完全遮光原理设计。

( )正确 ( )不正确

19. B类突起路标一般不含逆反射器，直接由工程塑料、陶瓷或金属材料基体和色表面组成。

( )正确 ( )不正确

20. 柱式轮廓标安装时，其逆反射材料的表面应与道路行车方向垂直。

( )正确 ( )不正确

21. 玻璃纤维增强塑料管箱的密度$\geqslant 1.6g/cm^3$。

( )正确 ( )不正确

22. 车辆检测器线圈埋设点应避开铁磁体，当线圈置于钢筋混凝土上时，线圈距钢筋至少为50mm。

( )正确 ( )不正确

23. 车辆检测器的绝缘电阻采用接地电阻测试仪测试。

( )正确 ( )不正确

24. ATM的传输中，当只有一个通道有信号时，该通道占用全部时隙。

( )正确 ( )不正确

25. 量化脉冲调制是一个模拟信号变成数字信号的过程。

( )正确 ( )不正确

26. 全自动收费方式就是不停车的收费方式，它是计算机技术电子技术及激光应用技术等发展的产物。

( )正确 ( )不正确

27. 与均一式收费方式相比，开放式收费方式有不存在漏收、按车型车种收费、收费相对合理的优点。

( )正确 ( )不正确

28. 配电箱安全接地电阻应≤8Ω。

( )正确 ( )不正确

29. 公路照明应满足亮度、照度、眩光限制和诱导性四项主要指标。

(　　)正确　　　　(　　)不正确

30. 夜晚出口段的照明亮度应随离出口距离逐渐变暗。

(　　)正确　　　　(　　)不正确

三、多项选择题(在下列各题的备选答案中,有两个或两个以上的备选项符合题意,请填写符合题意的备选项,选项部分正确按比例得分,出现错误选项该题不得分,完全正确的得满分。每题2分。)

1. 交通工程常用的系统分析方法有(　　)。

A. 非线性规划　　B. 排队论　　C. 灰色模型法　　D. 神经网络法

2. 描述光源光色的参数有(　　)。

A. 显色指数 Ra　　B. 色温　　C. 相关色温　　D. 色差

3. 交通工程检测试验中,检测试验依据主要有(　　)。

A. 国家技术标准行业技术标准　　B. 出厂证明

C. 合格证书　　D. 设计文件

4. 代码 IP68 表示该电气设备外壳的防护能力为(　　)。

A. 防尘 6 级,防水 8 级

B. 防尘 8 级,防水 6 级

C. 可防强烈喷水;直径 2.5mm 的试具不得进入壳内

D. 可防持续潜水影响(可长期潜水);直径 1.0mm 的试具不得进入壳内

5. 交通标志按支撑结构形式可分为(　　)。

A. 单柱式和多柱式　　B. 路侧附着式

C. 门架式　　D. 车行道上方附着式

6. 反光膜按不同的结构形式可分为(　　)。

A. 透镜埋入型　　B. 表面透镜型

C. 密封胶囊型　　D. 微棱镜型

7.《道路预成形标线带》(GB/T 24717—2009)增加的规定颜色为(　　)。

A. 红色　　B. 橙色　　C. 蓝色　　D. 黄色

8. 按涂料自身属性划分,路面标线涂料可分为(　　)路面标线涂料。

A. 溶剂型　　B. 热熔型　　C. 水性　　D. 双组分

9. 路面标线涂料的试样状态调节和试验温湿度为(　　)。

A. 温度 23℃ ±2℃　　B. 温度 25℃ ±2℃

C. 湿度 50% ±5%　　D. 湿度 55% ±5%

10. 10t 重车碰撞速度为 80km/h 的护栏级别有(   )。

A. SA　　B. SB

C. SBm　　D. SS

11. 依据防腐处理形式的不同,隔离栅产品可分为(   )。

A. 热浸镀锌隔离栅　　B. 锌铝合金涂层隔离栅

C. 浸塑隔离栅　　D. 双涂层隔离栅

12. 突起路标按逆反射器可分为(   )。

A. 微棱镜　　B 定向透镜

C. 全向透镜　　D. 漫向透镜

13. 附着于护栏的附着式圆角梯形轮廓标,其逆反射材料的尺寸为(   )。

A. 上底为 50mm ±1mm　　B. 下底为 120mm ±2mm

C. 高为 70mm ±1mm　　D. 倒圆上底 $R6$,下底 $R10$

14. BD150 ×8 ×6000 玻璃纤维增强塑料管其结构尺寸为(   )。

A. 内径 150mm　　B. 壁厚 8mm

C. 承插端内径 176mm　　D. 管长 6000mm

15. 车辆检测器安装质量检验项目主要包括(   )。

A. 交通量计数精度过　　B. 传输性能

C. 视认距离　　D. 安装位置与安装质量

16. 数字通信的数字系列实际上指的是传输制式,它包括(   )。

A. 准同步数字系列 PDH　　B. 同步数字系列 SDH

C. 异步数字系列 ATM　　D. 脉冲编码调制 PCM

17. 下列检查项目中,属于收费设施入口车道功能测试的项目有(   )。

A. 车道信号灯　　B. 自动栏杆动作

C. 脚踏报警　　D. 每辆车的平均处理时间

18. 高速公路供配电系统的组成部分有(   )。

A. 交流供配电系统　　B. 备用电源

C. 稳压设备　　D. 接地保护系统

19. 道路照明的常用技术指标为(   )。

A. 亮度　　B. 发光强度　　C. 照度　　D. 诱导性

20. 隧道中的问题主要有(   )。

A. 空气污染严重　　B. 环境照度低

C. 视距小　　D. 交通空间受限

四、综合题(按所给问题的背景资料,正确分析并回答问题。每大题有5小题,每小题有四个备选项,请从中选出一个或一个以上正确答案,选项全部正确得分,出现漏选或错误选项均不得分。每小题2分。)

1. 试回答热熔型路面标线涂料的相关问题。

(1)热熔型路面标线涂料的优点有(　　)。

A. 干燥快、成膜厚　　B. 夜间反光好

C. 耐磨性好、耐候性好　　D. 使用寿命长

(2)热熔型路面标线涂料的特点是(　　)。

A. 常温下呈固体粉末状态

B. 施工时加热至180~220℃

C. 3min内冷却凝固成固体附着于路面

D. 以热塑性树脂为主要成膜物质

(3)按使用功能划分,热熔型路面标线涂料包括(　　)。

A. 普通型　　B. 反光型　　C. 突起型　　D. 振动型

(4)喷涂热熔型路面标线涂料施工的特点是(　　)。

A. 利用了高温熔融状态下热熔型涂料黏度变小,易于喷涂

B. 其施工设备相对复杂

C. 干膜厚度一般控制在0.7~1.2mm之间

D. 是对热熔刮涂方式进行的改进

(5)振荡型路面标线的施工的特点是(　　)。

A. 使用热熔突起型路面标线涂料

B. 涂料在熔融状态下具有更好的触变性能

C. 采用挤出式专用设备施工时,可以在标线表面上形成规则的凸凹形状

D. 具有振动和雨夜反光功能

2. 试回答热塑性粉末涂料涂层厚度的相关问题。

(1)钢管、钢板、钢带类基材使用热塑性粉末涂料涂层的厚度规定为(　　)。

A. 单涂0.28~0.70mm　　B. 双涂0.15~0.50mm

C. 单涂0.38~0.80mm　　D. 双涂0.25~0.60mm

(2)钢丝(ϕ>1.8~4.0mm)类基材使用热塑性粉末涂料涂层的厚度规定为(　　)。

A. 单涂0.25~0.75mm　　B. 双涂0.10~0.55mm

C. 单涂0.30~0.80mm　　D. 双涂0.15~0.60mm

(3)钢丝(ϕ>4.5~5.0mm)类基材使用热塑性粉末涂料涂层的厚度规定为(　　)。

A. 单涂 0.28 ~ 0.70mm　　B. 双涂 0.10 ~ 0.50mm

C. 单涂 0.38 ~ 0.80mm　　D. 双涂 0.15 ~ 0.60mm

(4)钢以外其他基材类基材使用热塑性粉末涂料涂层的厚度规定为(　　)。

A. 单涂 0.28 ~ 0.70mm　　B. 双涂 0.15 ~ 0.50mm

C. 单涂 0.38 ~ 0.80mm　　D. 双涂 0.25 ~ 0.60mm

(5)热固性粉末涂料涂层的厚度规定为(　　)。

A. 单涂 0.076 ~ 0.150mm　　B. 双涂 0.076 ~ 0.120mm

C. 单涂 0.086 ~ 0.150mm　　D. 双涂 0.086 ~ 0.120mm

3. 试回答轮廓标工程质量检验评定标准的相关问题。

(1)轮廓标工程质量检验评定的基本要求为(　　)。

A. 产品应符合《轮廓标》(JT/T 388)的规定

B. 布设应符合设计及施工规范的要求

C. 柱式轮廓标的基础混凝土强度、基础尺寸应符合设计要求

D. 柱式轮廓标安装牢固,逆反射材料表面与行车方向垂直,色、光度性能符合设计要求

(2)轮廓标工程质量检验评定的实测项目为(　　)。

A. 柱式轮廓标尺寸　　B. 反射器中心高度

C. 反射器外形尺寸　　D. 安装角度、光度性能

(3)轮廓标工程质量检验评定的关键实测项目为(　　)。

A. 柱式轮廓标尺寸　　B. 反射器中心高度

C. 反射器外形尺寸　　D. 光度性能

(4)轮廓标工程质量检验评定实测项目使用设备为(　　)。

A. 卡尺、直尺　　B. 花杆、十字架

C. 卷尺、万能角尺　　D. 照度计

(5)轮廓标工程质量检验评定的外观鉴定项目为(　　)。

A. 轮廓标不应有明显的划伤、裂纹、损边、掉角等缺陷。不符合要求时,每处减 2 分

B. 轮廓标表面应平整光滑,无明显凹痕或变形。不符合要求时,每处减 2 分

C. 轮廓标安装牢固,线形顺畅。不符合要求时,每处减 2 分

D. 柱式轮廓标的垂直度不超过 ±8mm/m。不符合要求时,每处减 1 分

4. 试回答通信管道与光、电缆线路检测的相关问题。

(1)基本要求有(　　)。

A. 通信光电缆、塑料管道、人(手)孔圈等器材的数量、规格程式符合设计要求,塑料通信管道敷设与安装符合规范要求

B. 管道基础及包封用原材料、型号、规格及数量应符合相关的国家和行业标准的规定,光、电缆横穿路基时应加钢管保护,钢管的型号规格和防腐措施符合设计要求

C. 光、电缆的敷设、接续、预留及成端等符合规范要求,直埋电缆符合相关施工规范要求

D. 出厂时及施工前光、电缆单盘测试记录,施工后所有线对的连通性测试记录,管道及电缆接续等隐蔽工程验收记录,分项工程自检和通电调试记录,有效的光电缆、保护管(箱)及接续附件的检验合格报告或证书等资料齐全

(2)管线预埋的实测项目有(　　)。

A. 管道地基　　B. 人(手)孔、管道掩埋

C. 分歧形式及内部尺寸　　D. 通信管道的横向位置

(3)主管道管孔试通试验,是通信管道工程质量评定具有否决权的关键项目,试验规程如下(　　)。

A. 直线管道管孔试通应用比被试管孔标称直径小 5mm、长 900mm 的拉棒进行;钢材等单孔组群的通信管道,每 5 孔抽试 1 孔;5 孔以下抽试 1/2;2 孔试 1 孔;1 孔则全试

B. 管道在曲率半径大于 36m 时,应用比被试管孔标称直径小 6mm、长 900mm 的拉棒进行;试通管孔数同上

C. 有包封的管道管孔试通,同上处理

D. 管孔试通全部通过或在试通总数(孔段)的 5% 以下标准拉棒不能通过,但能通过比标准拉棒直径小 1mm 的,为“合格”。其他为不合格,应由施工单位返修至合格后,再进行验收

(4)光纤的实测关键项目有(　　)。

A. 单模光纤接头损耗平均值(≤0.1dB)

B. 多模光纤接头损耗平均值(≤0.2dB)

C. 中继段单模光纤总衰耗(符合设计要求)

D. 中继段多模光纤总衰耗(符合设计要求)

(5)音频电缆实测的关键项目有(　　)。

A. 音频电缆绝缘电阻(≥1000MΩ · km)

B. 音频电缆串音衰减(符合设计要求)

C. 信号电缆绝缘电阻(≥500MΩ · km)

D. 音频电缆传输误码率(BER$\leq 10^{-8}$)

5. 试回答下列公路配电方面的相关问题。

(1)公路供电电源一般取自就近的公用电网,公用电网的电压一般为(　　)。

A. 220V/380V　　B. 10kV/6kV　　C. 3kV/1.8kV　　D. 18kV/10kV

(2)设置于监控中心、收费站等场区的公路专用变配电所,其变配电压值为(　　)。

A. 220V/380V　　B. 10kV/0.4kV　　C. 3kV/0.4kV　　D. 18kV/0.4kV

(3)公路用户与公用电网的界面为(　　)。

A. 跌落熔断器下触头

B. 变压器原边高压接入端

C. 变压器副边低压接出端

D. 低压配电柜配电回路断路器出线端

(4)公路沿线用电设施的特点为(　　)。

A. 容量不大　　B. 距供电点较远

C. 用电点分散　　D. 绝大部分为单相

(5)公路低压配电设施的组成主要有隔离电器、配电电缆、设备侧配电箱、开关电路、保护电器和(　　)。

A. 接地装置　　B. 无功电容补偿

C. 故障保护设施　　D. 应急电源

参考答案及解析

模拟试题一

一、单项选择题

1.【答案】A

【解析】交通工程学的定义。

2.【答案】D

【解析】电阻 $R=\rho L/S$，式中:ρ 为导体电阻率,L 为导体长度,S 为导体截面面积。

3.【答案】A

【解析】现代道路平面线形是由直线、圆曲线和缓和曲线3种线形构成,通常称为平面线形三要素。因此,公路平面线形设计实际是对平面线形三要素的研究,同时结合周围的自然条件对这三要素进行合适的组合,从而保证车辆能在公路上安全、迅速、舒适地行驶。

4.【答案】B

【解析】见考试用书P24。

5.【答案】C

【解析】要存储就要用硬件单元,而安排区域引导数据等就是软件的工作范围。

6.【答案】B

【解析】盐雾试验的目的是为了考核产品或金属材料的耐盐雾腐蚀质量,盐雾试验结果的判定方法有:评级判定法、称重判定法、腐蚀物出现判定法、腐蚀数据统计分析法。

7.【答案】D

【解析】见《道路交通标志和标线　第2部分:道路交通标志》(GB 5768.2—2009)。

8.【答案】C

【解析】见《道路交通标志和标线　第2部分:道路交通标志》(GB 5768.2—2009)。

9.【答案】B

【解析】见《道路交通反光膜》(GB/T 18833—2012)。

10.【答案】C

【解析】见《道路交通标志和标线》(GB 5768—2009)。

11.【答案】A

【解析】见考试用书 P218。

12.【答案】C

【解析】见考试用书 P386。

13.【答案】B

【解析】见考试用书 P247。

14.【答案】C

【解析】见考试用书 P247。

15.【答案】C

【解析】见考试用书 P280。

16.【答案】B

【解析】见《隔离栅　第 1 部分:通则》(GB/T 26941.1—2011)P3。

17.【答案】A

【解析】见《隔离栅　第 1 部分:通则》(GB/T 26941.1—2011)P5。

18.【答案】B

【解析】见考试用书 P295。

19.【答案】B

【解析】见《突起路标》(GB/T 24725—2009)。

20.【答案】C

【解析】见《轮廓标》(GB/T 24970—2010)P3。

21.【答案】C

【解析】见《公路用玻璃纤维增强塑料产品　第 3 部分:管道》(GB/T 24721.3—2009)P1。

22.【答案】B

【解析】前端设备和监控中心的联系纽带为传输设备。

23.【答案】B

【解析】《公路工程质量检验评定标准　第二册　机电工程》(JTG F80/2—2004)中,安全保护接地电阻要求为≤4Ω。

24.【答案】C

【解析】由抽样 AD 转换器完成。

25.【答案】A

【解析】基带传输是按照数字信号原有的波形(以脉冲形式)在信道上直接传输,它要求信道具有较宽的通频带。基带传输不需要调制、解调,设备花费少,适用于较小范围的数据传输。

26.【答案】B

【解析】见《公路工程质量检验评定标准　第二册　机电工程》(JTG F80/2—2004)之4.1.2。

27.【答案】A

【解析】见《公路工程质量检验评定标准　第二册　机电工程》(JTG F80/2—2004)之4.1.2。

28.【答案】C

【解析】见《公路机电系统设备通用技术要求及检测方法》(JT/T 817—2011)。

29.【答案】B

【解析】见《公路照明技术条件》(GB/T 24969—2010)之表2。

30.【答案】B

【解析】见考试用书P631。

二、判断题

1.【答案】正确

【解析】线形诱导标志用于引导车辆驾驶人改变行驶方向,视需要设于易肇事之弯道路段,小半径匝道曲线或中央隔离设施及渠化设施的端部。

2.【答案】不正确

【解析】采用100分制。见《公路工程质量检验评定标准　第一册　土建工程》(JTG F80/1—2004)。

3.【答案】不正确

【解析】应将"漫反射"改为"全透射"。

4.【答案】不正确

【解析】应为质量百分比。

5.【答案】不正确

【解析】见《公路工程质量检验评定标准　第一册　土建工程》(JTG F80/1—2004)条文说明之3.2.1。缺:"且无严重外观缺陷和质量保证资料真实并基本齐全时,才能对分项工程质量进行检验评定。"

6.【答案】正确

【解析】见《公路工程质量检验评定标准　第一册　土建工程》(JTG F80/1—2004)P142。

7.【答案】正确

【解析】见《道路交通标志和标线　第2部分:道路交通标志》(GB 5768.2—2009)。

8.【答案】不正确

【解析】缺“字符”二字。见《道路交通标志和标线　第2部分:道路交通标志》(GB 5768.2—2009)。

9.【答案】正确

【解析】见《道路交通反光膜》(GB/T 18833—2012)。

10.【答案】正确

【解析】见《道路交通标志和标线》(GB 5768—2009)。

11.【答案】正确

【解析】见考试用书P209。

12.【答案】正确

【解析】见《公路用防腐蚀粉末涂料及涂层　第1部分:通则》(JT/T 600.1—2004)。

13.【答案】正确

【解析】见考试用书P255。

14.【答案】正确

【解析】见《波形梁钢护栏》(GB/T 31439.1—2015)。

15.【答案】正确

【解析】见考试用书P278。

16.【答案】正确

【解析】见考试用书P279。

17.【答案】正确

【解析】见《隔离栅　第1部分:通则》(GB/T 26941.1—2011)P6。

18.【答案】正确

【解析】见考试用书P294。

19.【答案】不正确

【解析】应为0.2。见《突起路标》(GB/T 24725—2009)P6。

20.【答案】正确

【解析】见《轮廓标》(GB/T 24970—2010)P6。

21.【答案】不正确

【解析】应为拉棒法。见《公路工程质量检验评定标准　第二册　机电工程》(JTG F80/2—2004)。

22.【答案】正确

【解析】见《公路工程质量检验评定标准　第二册　机电工程》(JTG F80/2—2004)之表2.1.2。

23.【答案】正确

【解析】见《公路工程质量检验评定标准　第二册　机电工程》(JTG F80/2—2004)之2.2。

24.【答案】正确

【解析】利用多种频率载波(频分)一根导线同时传输多路信号。

25.【答案】正确

【解析】噪声可分为热噪声和冲击噪声,热噪声引起的差错只会使某个码元出错,而与前后码元无关。

26.【答案】正确

【解析】见考试用书P542。

27.【答案】不正确

【解析】均一制收费适合于里程短出入口多而密、交通量很大而收费广场受限制、车辆之间行驶里程差距不大的场合。

28.【答案】正确

【解析】可有效保证操作人员的安全。

29.【答案】正确

【解析】见《公路照明技术条件》(GB/T 24969—2010)之7.1。

30.【答案】正确

【解析】见《公路工程质量检验评定标准　第二册　机电工程》(JTG F80/2—2004)之7.5.2。

三、多项选择题

1.【答案】ABCD

【解析】见考试用书P90。

2.【答案】ABC

【解析】见考试用书P21。

3.【答案】ACD

【解析】环境检测设备为隧道机电设施的分项工程。

4.【答案】ABD

【解析】见《外壳防护等级(IP代码)》(GB 4208—2008)。

5.【答案】ACD

【解析】见考试用书P165。

6.【答案】ABC

【解析】见《道路交通反光膜》(GB/T 18833—2012)。

7.【答案】ABD

【解析】见《道路交通标志和标线》(GB 5768—2009)。

8.【答案】ABC

【解析】见考试用书 P218。

9.【答案】AD

【解析】见考试用书 P386。

10.【答案】BCD

【解析】见考试用书 P247。

11.【答案】ABC

【解析】刺钢丝网已含在隔离栅内。

12.【答案】ABC

【解析】见《突起路标》(GB/T 24725—2009)。

13.【答案】ABCD

【解析】见《轮廓标》(GB/T 24970—2010)。

14.【答案】ABCD

【解析】见考试用书 P361。

15.【答案】ABCD

【解析】选项 A、C 利用车辆钢铁的高导磁性,选项 B 利用多普勒效应,选项 D 利用汽车温度比周围高。

16.【答案】ABC

【解析】选项 A、B 一般都较熟悉;50Ω 同轴电缆主要用于基带信号传输,传输带宽为 1 ~20MHz,总线型以太网就是使用 50Ω 同轴电缆,在以太网中,50Ω 细同轴电缆的最大传输距离为 185m,粗同轴电缆可达 1000m;75Ω 同轴电缆常用于 CATV 网,故称为 CATV 电缆,传输带宽可达 1GHz,目前常用 CATV 电缆的传输带宽为 750MHz。故选项 D 不选。

17.【答案】BC

【解析】主要作用是为车道控制器(电动栏杆)提供车辆通过和车辆存在的信息,车道控制器根据其信息作出抬杆、落杆的指令。

18.【答案】ABCD

【解析】高速公路供电既需要可靠安全,也需要高质量高效率。

19.【答案】ABC

【解析】立交范围比普通道路大;桥梁上诱导性要求更高;坡度起伏大易产生眩光;而光通量则不一定要比普通路面大很多。

20.【答案】ABCD

【解析】见《公路隧道照明设计细则》(JTG/T D70/2-01—2014)。

四、综合题

1.【答案】(1)ABCD (2)ABCD (3)ABCD (4)BCD (5)AB

【解析】(1)~(5)见考试用书 P166-169。

2.【答案】(1)ABC (2)AC (3)B (4)B (5)B

【解析】(1)~(5)见《波形梁钢护栏》(GB/T 31439.1—2015)。

3.【答案】(1)ACD (2)ABD (3)ABD (4)ABD (5)ABD

【解析】(1)~(5)见《隔离栅 第1部分:通则》(GB/T 26941.1—2011)P6。

4.【答案】(1)AC (2)ABCD (3)ABC (4)ABC (5)ABCD

【解析】(1)~(5)见考试用书 P419。

5.【答案】(1)ABCD (2)ABCD (3)ABCD (4)ABCD (5)ABC

【解析】(1)~(4)见《公路工程质量检验评定标准 第二册 机电工程》(JTG F80/2—2004)之4.2。

(5)误码测试属于光纤数字传输系统关键实测项目。

模拟试题二

一、单项选择题

1.【答案】D

【解析】见规范条文1.0.2。

2.【答案】D

【解析】$I=U/R$,两个相同阻值的电阻 R 并联等效电阻为 $R/2$。

3.【答案】C

【解析】系统软件由操作系统、实用程序、编译程序等组成。操作系统实施对各种软硬件资源的管理控制。实用程序是为方便用户所设,编译程序的功能是把用户用汇编语言或某种高级语言所编写的程序,翻译成机器可执行的机器语言程序。

4.【答案】B

【解析】电压表要并联在被测电压的两端且要极性对,只有选项B的接法正确。

5.【答案】C

【解析】见《建筑物防雷设计规范》(GB 50057—2010)之4.1.1。

6.【答案】D

【解析】人工模拟盐雾试验包括中性盐雾试验(NSS 试验,最早应用最广)、醋酸盐雾试验(腐蚀比 NSS 快 3 倍)、铜盐加速醋酸盐雾试验(腐蚀是 NSS 的 8 倍)、交变盐雾试验。

7.【答案】C

【解析】见《道路交通标志和标线　第 2 部分:道路交通标志》(GB 5768.2—2009)。

8.【答案】C

【解析】见《道路交通标志和标线　第 2 部分:道路交通标志》(GB 5768.2—2009)。

9.【答案】B

【解析】见《道路交通反光膜》(GB/T 18833—2012)。

10.【答案】B

【解析】见《道路交通标志和标线》(GB 5768—2009)。

11.【答案】A

【解析】见考试用书 P218。

12.【答案】A

【解析】见考试用书 P386。

13.【答案】B

【解析】见考试用书 P246。

14.【答案】A

【解析】见考试用书 P247。

15.【答案】C

【解析】见考试用书 P281。

16.【答案】B

【解析】见《隔离栅　第 1 部分:通则》(GB/T 26941.1—2011)P3。

17.【答案】B

【解析】见《隔离栅　第 1 部分:通则》(GB/T 26941.1—2011)P5。

18.【答案】C

【解析】见考试用书 P295。

19.【答案】D

【解析】见《突起路标》(GB/T 24725—2009)。

20.【答案】B

【解析】见《轮廓标》(GB/T 24970—2010)P3。

21.【答案】D

【解析】见《公路用玻璃纤维增强塑料产品　第 3 部分:管道》(GB/T 24721.3—

2009)P2。

22.【答案】A

【解析】主要是为减小钢筋对线圈磁场的影响。

23.【答案】A

【解析】见《公路工程质量检验评定标准　第二册　机电工程》(JTG F80/2—2004)之附件1。

24.【答案】A

【解析】发信机将信源产生的信息编码后变成信号通过信道发给收信机。

25.【答案】C

【解析】8位量化等级即为$2^8=256$。

26.【答案】B

【解析】见《公路工程质量检验评定标准　第二册　机电工程》(JTG F80/2—2004)之4.1。

27.【答案】A

【解析】见《公路工程质量检验评定标准　第二册　机电工程》(JTG F80/2—2004)之4.1。

28.【答案】A

【解析】见《公路工程质量检验评定标准　第二册　机电工程》(JTG F80/2—2004)之5.1。

29.【答案】A

【解析】见《公路照明技术条件》(GB/T 24969—2010)之6.2.3。

30.【答案】D

【解析】见《公路工程质量检验评定标准　第二册　机电工程》(JTG F80/2—2004)之7.5.2。

二、判断题

1.【答案】不正确

【解析】上桥梁部结构由桥跨结构、支座系统组成。桥梁主要由上部结构,下部结构和附属结构组成。

2.【答案】正确

【解析】见《公路工程质量检验评定标准　第一册　土建工程》(JTG F80/1—2004)P5。

3.【答案】正确

【解析】软件的测试方法很多,不同的出发点用不同的测试方法。按测试过程可分为静态分析法和动态测试法;其中,动态测试是直接执行程序进行测试,包括功能测试、接口测试和结构测试,观察程序的行为,记录执行的结果,从执行结果来分析程序可能出现的错误。

4.【答案】不正确

【解析】机电工程实测关键项目合格率要求达到100%。

5.【答案】正确

【解析】见《电工电子产品基本环境试验 第2部分:试验方法 试验Fc:振动(正弦)》(GB/T 2423.10—2008)。

6.【答案】正确

【解析】户外曝晒需2年,人工加速老化可大大缩短老化时间。

7.【答案】正确

【解析】见《道路交通标志和标线 第2部分:道路交通标志》(GB 5768.2—2009)。

8.【答案】正确

【解析】见考试用书P176。

9.【答案】正确

【解析】见考试用书P180。

10.【答案】正确

【解析】见《道路交通标志和标线》(GB 5768—2009)。

11.【答案】正确

【解析】见考试用书P218。

12.【答案】不正确

【解析】应不低于1级。见《公路用防腐蚀粉末涂料及涂层 第1部分:通则》(JT/T 600.1—2004)。

13.【答案】正确

【解析】见考试用书P248。

14.【答案】正确

【解析】见《波形梁钢护栏》(GB/T 31439—2015)。

15.【答案】不正确

【解析】应不低于700~900MPa。见《隔离栅 第四部分:刺钢丝网》(GB/T 26941.4—2011)P3。

16.【答案】不正确

【解析】应为4%。见《隔离栅 第三部分:焊接网》(GB/T 26941.3—2011)P4。

17.【答案】正确

【解析】见《隔离栅　第1部分:通则》(GB/T 26941.1—2011)P6。

18.【答案】不正确

【解析】应设置在中央分隔带上。

19.【答案】正确

【解析】见《突起路标》(GB/T 24725—2009)。

20.【答案】不正确

【解析】应保持垂直。见《轮廓标》(GB/T 24970—2010)P3。

21.【答案】正确

【解析】见《公路用玻璃纤维增强塑料产品　第2部分:管箱》(GB/T 24721.2—2009)P2。

22.【答案】不正确

【解析】采用500V一级兆欧表。

23.【答案】正确

【解析】见《公路工程质量检验评定标准　第二册　机电工程》(JTG F80/2—2004)之2.2。

24.【答案】不正确

【解析】数据电路是指物理层中光缆、电缆和设备的电气连接。而数据通信是在机-机之间进行的数据交换,因此必须对传输过程按一定的规程进行控制,以便使双方能协调可靠地工作,包括通信线路的连接,收发双方的同步,工作方式的选择,传输差错的检测与校正,数据流的控制等。这些都是按双方事先约定的传输控制规程来完成的,所以数据电路加上传输控制规程就是数据链路。正是由于数据链路要遵循严格的传输控制规程,使得它所提供的数据传输质量要比数据电路所提供的数据传输质量好得多。

25.【答案】不正确

【解析】终端设备是通信网中的信息传输的终点或源点,而不是网的终点。

26.【答案】不正确

【解析】收费介质即通行券,纸卷、磁票、非接触式智能卡等。

27.【答案】正确

【解析】资料源于某称重设备公司《称重车道改造方案》。

28.【答案】不正确

【解析】隔离开关主要起直观的隔离作用,其是不能接通或断开负荷电路的。

29.【答案】不正确

【解析】人眼睛对眩光感觉强弱不仅与光源的发光强度有关,还与光源背景亮度、视野内光束发散度的分布、光源表面的大小及光源与人眼的水平夹角有关。

30.【答案】不正确

【解析】应平行于隧道的轴线。

三、多项选择题

1.【答案】CD

【解析】见考试用书 P90。

2.【答案】AD

【解析】见考试用书 P20。

3.【答案】ABCD

【解析】见《公路工程质量检验评定标准　第二册　机电工程》(JTG F80/2—2004)。

4.【答案】AB

【解析】见《外壳防护等级(IP 代码)》(GB 4208—2008)。防水等级:IPX1 ~ IPX8;防尘等级:IP1X ~ IP6X。

5.【答案】ABCD

【解析】见《道路交通标志和标线　第 2 部分:道路交通标志》(GB 5768.2—2009)。

6.【答案】AC

【解析】见《道路交通反光膜》(GB/T 18833—2012)。

7.【答案】ABCD

【解析】见《道路交通标志和标线》(GB 5768—2009)。

8.【答案】ABCD

【解析】见考试用书 217。

9.【答案】ABCD

【解析】见考试用书 P386。

10.【答案】ABC

【解析】碰撞能量不属碰撞条件。见考试用书 P247。

11.【答案】ABCD

【解析】见《隔离栅　第二部分:立柱斜撑和门》(GB/T 26941.2—2011)P1。

12.【答案】ABC

【解析】见《突起路标》(GB/T 24725—2009)。

13.【答案】AB

【解析】见《轮廓标》(GB/T 24970—2010)。

14.【答案】ABC

【解析】耐候性能试验含人工老化试验和自然曝晒试验。

15.【答案】ABC

【解析】拓扑技术用于网络。

16.【答案】ABC

【解析】树形结构是总线型结构的扩展,它是在总线网上加上分支形成的,其传输介质可有多条分支,但不形成闭合回路。

17.【答案】ACD

【解析】入口车道无费额显示器。

18.【答案】ABCD

【解析】见考试用书 P587。

19.【答案】AB

【解析】选项 A、B 对应的是反映光源强弱的单位,也就是反映了光源的强弱,其与亮度、照度和眩光都有关;而诱导性和均匀度和眩光有关外,和亮度、照度没有内在联系。

20.【答案】ABD

【解析】见《公路隧道通风设计细则》(JTG/T D70/2-02—2014)。

四、综合题

1.【答案】(1)ABCD (2)C (3)B (4)AC (5)ABC

【解析】(1)~(5)见《道路交通反光膜》(GB/T 18833—2012)P4。

2.【答案】(1)A (2)AD (3)A (4)ABC (5)CD

【解析】(1)~(3)见《波形梁钢护栏》(GB/T 31439.2—2015)。

(4)屈服强度应不小于240MPa。

(5)见《波形梁钢护栏》(GB/T 31439.2—2015)。

3.【答案】(1)ABCD (2)ABCD (3)B (4)ABCD (5)AD

【解析】(1)以上项目也为型式检验项目。

(2)~(5)见《突起路标》(GB/T 24725—2009)P11。

4.【答案】(1)AB (2)BC (3)ABC (4)B (5)ABCD

【解析】(1)~(5)见考试用书 P419-420。

5.【答案】(1)ABCD (2)ABCD (3)ABC (4)ABCD (5)ABCD

【解析】(1)~(5)见《公路工程质量检验评定标准 第二册 机电工程》(JTG F80/2—2004)。

模拟试题三

一、单项选择题

1.【答案】C

【解析】于2003年10月28日中华人民共和国主席令第八号公布，自2004年5月1日起施行。

2.【答案】A

【解析】见《标准化工作指南 第1部分：标准化和相关活动的通用术语》(GB/T 20000.1—2014)。

3.【答案】D

【解析】避雷装置不能含有开关。

4.【答案】B

【解析】软件 = 程序 + 数据 + 文档，其中数据既有数字之意又有数据库等含义。

5.【答案】C

【解析】对称三相电流的代数和为零。

6.【答案】C

【解析】见《公路工程质量检验评定标准 第二册 机电工程》(JTG F80/2—2004)附件1之1.1。

7.【答案】C

【解析】应为《道路交通标志和标线 第2部分：道路交通标志》(GB 5768.2—2009)。

8.【答案】A

【解析】见考试用书P174。

9.【答案】A

【解析】见《道路交通反光膜》(GB/T 18833—2012)。

10.【答案】B

【解析】见《道路交通标志和标线》(GB 5768—2009)。

11.【答案】B

【解析】见考试用书P217。

12.【答案】A

【解析】见考试用书P386。

13.【答案】A

【解析】见考试用书 P246。

14.【答案】C

【解析】见考试用书 P247。

15.【答案】D

【解析】见考试用书 P281。

16.【答案】C

【解析】见《隔离栅　第 1 部分:通则》(GB/T 26941.1—2011)P3。

17.【答案】B

【解析】见《隔离栅　第 1 部分:通则》(GB/T 26941.1—2011)P5。

18.【答案】C

【解析】见《防眩板》(GB/T 24718—2009)。

19.【答案】B

【解析】见《突起路标》(GB/T 24725—2009)。

20.【答案】C

【解析】见《轮廓标》(GB/T 24970—2010) P3。

21.【答案】D

【解析】见《公路用玻璃纤维增强塑料产品　第 1 部分:通则》(GB/T 24721.1—2009)P2。

22.【答案】D

【解析】见《公路工程质量检验评定标准　第二册　机电工程》(JTG F80/2—2004)之 2.1.2。

23.【答案】A

【解析】数据传输测试仪测试的数据传输参数有误码测试、帧结构分析、时隙分析、信令测试、PCM 仿真环路时延、倒换时延、输出波形、输出抖动、信号电平等。

24.【答案】B

【解析】信道是信源与信宿的通道。

25.【答案】C

【解析】根据奈奎斯特抽样定理:若频带宽度有限的,要从抽样信号中无失真地恢复原信号,抽样频率应大于 2 倍信号最高频率。

26.【答案】A

【解析】见《收费用电动栏杆》(GB/T 24973—2010)。

27.【答案】A

【解析】自动栏杆线圈能检测到车辆通过，选项 B 排除；自动栏杆的自然状态（无电时）是落杆状，选项 C 和 D 也排除；故选 A。

28.【答案】C

【解析】见《电能质量　三相电压不平衡》（GB/T 15543—2008）。

29.【答案】D

【解析】见《公路照明技术条件》（GB/T 24969—2010）之表 2。路面亮度纵向均匀度 U_1 为同一条车道中心线上最小亮度与最大亮度的比值。

30.【答案】D

【解析】见《公路工程质量检验评定标准　第二册　机电工程》（JTG F80/2—2004）之附录 A。

二、判断题

1.【答案】不正确

【解析】采用 100 分制。见《公路工程质量检验评定标准　第一册　土建工程》（JTG F80/1—2004）。

2.【答案】不正确

【解析】软件通常被分成应用软件和系统软件两大类，软件系统的最内层是系统软件，应用软件是用户按其需要自行编写的专用程序。

3.【答案】正确

【解析】见《公路工程质量检验评定标准　第二册　机电工程》（JTG F80/2—2004）附件 2。

4.【答案】正确

【解析】见《公路工程质量检验评定标准　第二册　机电工程》（JTG F80/2—2004）附件 1。

5.【答案】正确

【解析】梯形脉冲能在较宽的频谱上产生比半正弦形脉冲产生更高的响应。后峰锯齿形脉冲与半正弦形脉冲和梯形脉冲相比，由于它的上升时间最长，具有更均匀的响应谱。

6.【答案】正确

【解析】见《测定耐湿热、耐盐雾、耐候性（人工加速）的漆膜制备法》（GB/T 1765—1989）。

7.【答案】正确

【解析】见《道路交通标志和标线　第 2 部分：道路交通标志》（GB 5768.2—2009）。

8.【答案】正确

【解析】见《道路交通标志和标线　第2部分:道路交通标志》(GB 5768.2—2009)。

9.【答案】不正确

【解析】使用寿命一般为3年。见《道路交通反光膜》(GB/T 18833—2012)。

10.【答案】正确

【解析】见《道路交通标志和标线》(GB 5768—2009)。

11.【答案】正确

【解析】见考试用书P217。

12.【答案】正确

【解析】见《公路用防腐蚀粉末涂料及涂层　第1部分:通则》(JT/T 600.1—2004)。

13.【答案】不正确

【解析】为必检项目。见《波形梁钢护栏》(GB/T 31439.1—2015)P17。

14.【答案】正确

【解析】见《波形梁钢护栏》(GB/T 31439.1—2015)P20。

15.【答案】正确

【解析】见考试用书P281。

16.【答案】不正确

【解析】应小于10Ω。见考试用书P281。

17.【答案】正确

【解析】见《隔离栅　第1部分:通则》(GB/T 26941.1—2011)P6。

18.【答案】不正确

【解析】应按部分遮光原理设计。见考试用书P295。

19.【答案】正确

【解析】见《突起路标》(GB/T 24725—2009)。

20.【答案】正确

【解析】见《轮廓标》(GB/T 24970—2010)P2。

21.【答案】正确

【解析】见《公路用玻璃纤维增强塑料产品　第2部分:管箱》(GB/T 24721.2—2009)P2。

22.【答案】正确

【解析】目的在于减少钢筋对线圈磁场的影响。

23.【答案】不正确

【解析】采用500V一级兆欧表。

24.【答案】正确

【解析】一个ATM的信元长为53个字节,其中前5个字节称作“信头”,后面48个字节称作“信息域”。ATM使用串行传输,即逐个字节传输。传输完53个字节(一个信元)后可以暂停,实际是逐个信元断续传输。ATM同样也采用时分复接技术,也将传输时间分成若干个细小的时隙。当传输多个通道的数据时,不像SDH那样每个通道的传输轮换关系非常严格,ATM处理较灵活。如四个通道的信号同时传输时,每次每个通道依次轮换传输一个信元。当每个通道都有信号传输时,ATM的轮换和SDH的轮换传输相似。而各个通道的信号长度是不一样的,当有一个通道数据传输完成以后,在该通道的轮换传输时隙里,可以传输另外三个通道的信号。当只有一个通道在传输时,该通道的传输占有所有的时隙。

25.【答案】正确

【解析】量化脉冲调制就是把一个时间连续、取值连续的模拟信号变换成时间离散、取值离散的数字信号后在数字信道中传输。

26.【答案】不正确

【解析】全自动收费方式是指收费过程全部由机器实施,按收费设备可分为机械式和电子式;按收费过程可分为停车式和不停车式;按通行券形式有微波识别的车载单元(ETC通行券)、有视频识别的条码等。由此可见不停车的收费方式是全自动收费方式的一种。

27.【答案】不正确

【解析】均一式是全线按统一费额的收费制式(在每个入口收费,出口不管);开发式将全线划分成若干路段,各路段内按统一费额的收费制式(也称为按路段均等收费制。其特点是进口不管,出口收钱),两种方案除一个在入口收费、一个在出口收费外,在不存在漏收、按车型车种收费、收费相对合理等方面,开放式并不比均一式优越。

28.【答案】不正确

【解析】配电箱安全接地电阻应≤4Ω。

29.【答案】正确

【解析】见《公路照明技术条件》(GB/T 24969—2010)之5.3。

30.【答案】正确

【解析】见《公路隧道照明设计细则》(JTG/T D70/2-01—2014)。

三、多项选择题

1.【答案】ABCD

【解析】见考试用书P7。

2.【答案】ABC

【解析】见考试用书P22。

3.【答案】AD

【解析】出厂证明和合格证书不能作为检测试验依据。

4.【答案】AD

【解析】简言之,IP代码是防止异物和水进入设备的相关条款和规定。

5.【答案】ABCD

【解析】见《道路交通标志和标线　第2部分:道路交通标志》(GB 5768.2—2009)。

6.【答案】ACD

【解析】见《道路交通反光膜》(GB/T 18833—2012)。

7.【答案】ABC

【解析】见《道路交通标志和标线》(GB 5768—2009)。

8.【答案】ABCD

【解析】见考试用书218。

9.【答案】AC

【解析】见考试用书234。

10.【答案】BC

【解析】见考试用书247。

11.【答案】ABCD

【解析】见考试用书P278。

12.【答案】ABC

【解析】见《突起路标》(GB/T 24725—2009)。

13.【答案】ABCD

【解析】见《轮廓标》(GB/T 24970—2010)。

14.【答案】ABCD

【解析】见《公路用玻璃纤维增强塑料产品　第3部分:管道》(GB/T 24721.3—2009)P2。

15.【答案】ABD

【解析】视认距离属可变标志系统。

16.【答案】ABCD

【解析】主流为SDH。

17.【答案】ABD

【解析】见《公路工程质量检验评定标准　第二册　机电工程》(JTG F80/2—2004)之4.1。请记住:出口车道才有脚踏报警,且是关键实测项目。

18.【答案】ABCD

【解析】选项A为外电源,一般为10kV高压引入,通过变压器降压为220V/380V供电;选项 B 一般为小型柴油发电机组(容量数十千伏安);选项 C 为机房提供高质量电压;选项 D 为保护系统。

19.【答案】ACD

【解析】见《公路照明技术条件》(GB/T 24969—2010)之 5.3。

20.【答案】ABCD

【解析】俗称隧道四大难题。

四、综合题

1.【答案】(1)ABCD (2)ABCD (3)ABC (4)ABCD (5)ABCD

【解析】(1)、(2)见考试用书 P218。

(3)振动功能已包含在突起型中。

(4)、(5)见考试用书 P218。

2.【答案】(1)CD (2)CD (3)CD (4)CD (5)AB

【解析】(1)~(5)见《公路用防腐蚀粉末涂料及涂层 第 1 部分:通则》(JT/T 600.1—2004)。

3.【答案】(1)ABCD (2)ABCD (3)CD (4)ABC (5)ABCD

【解析】(1)~(3)见《公路工程质量检验评定标准 第一册 土建工程》(JTG F80/1—2004)P130-131。

(4)光度性能不要求实测,应检查出厂或进场检测报告。

(5)见《公路工程质量检验评定标准 第一册 土建工程》(JTG F80/1—2004)P131。

4.【答案】(1)ABCD (2)ABCD (3)ABCD (4)ACD (5)ACD

【解析】(1)~(3)见《公路工程质量检验评定标准 第二册 机电工程》(JTG F80/2—2004)之 3.1。

(4)多模光纤接头损耗平均值为非关键项目。

(5)音频电缆串音衰减为非关键项目。

5.【答案】(1)B (2)B (3)D (4)ABCD (5)ABCD

【解析】(1)~(5)见考试用书 P587。